Poser | Descartes

Hans Poser

Descartes

Eine Einführung

Reclam

2., durchgesehene und ergänzte Auflage

RECLAMS UNIVERSAL-BIBLIOTHEK Nr. 19697
2003, 2020 Philipp Reclam jun. Verlag GmbH,
Siemensstraße 32, 71254 Ditzingen
Gestaltung: Cornelia Feyll, Friedrich Forssman
Umschlagabbildung: Portrait René Descartes von Frans Hals
Druck und Bindung: Kösel GmbH & Co. KG,
Am Buchweg 1, 87452 Altusried-Krugzell
Printed in Germany 2020

ISBN 978-3-15-019697-7

Auch als E-Book erhältlich

www.reclam.de

Inhalt

1 Empirismus und Rationalismus

René Descartes (1596–1650) wird als Begründer der Philosophie der Neuzeit und eines tiefgreifend veränderten Verständnisses der Wissenschaften gesehen, kurz: als Beginn der Moderne. Um das zu verdeutlichen, gilt es, etwas früher einzusetzen und ein entsprechend breites Feld abzustecken. Mit der Renaissance tritt in der Sicht auf die Welt ein Umbruch ein: Der geschlossene mittelalterliche Kosmos wird gesprengt – und dies nicht nur durch einen Rückgriff auf die Antike und deren Wiedergeburt, wie die Bezeichnung Renaissance verheißt, sondern durch Öffnung ganz neuer Horizonte. Hierzu gehört an erster Stelle das ungeheure Selbstbewusstsein, mit dem der Mensch der Renaissance auftritt, und zwar im Doppelsinn des Wortes, nämlich sowohl im Bewusstsein des eigenen Wertes als auch im Bewusstsein der Reflexion auf sich selbst. Dieses Selbstbewusstsein findet seinen Niederschlag in all jenen künstlerischen und literarischen Leistungen, die, ausgehend vor allem von Florenz, Europa erobern sollten. Zum ersten Mal in der Geschichte wird die Einzigartigkeit und Singularität des Individuums, seine Individualität, seine Unverwechselbarkeit, Selbständigkeit und Selbsttätigkeit zu einer zentralen Denkfigur.

Daneben ist eine andere, gänzlich neuartige Entwicklung zu nennen, wie sie uns in den sich entfaltenden Wissenschaften begegnet. Sie bezieht sich anfangs nur bedingt, dann aber zunehmend stärker auf die Erfahrungswissenschaften, allen voran auf die Medizin. Zunächst vorsichtig, stellen die erwachenden Wissenschaften ihre Einsichten im Sinne der Lehre von der doppelten Wahrheit als ein gegenüber den Glaubenswahrheiten weniger wertvolles, bloß menschliches Wissen dar, das in solcher Gestalt nicht mit der Theologie in Konflikt gerät. In wachsendem Selbstbewusstsein schleudern sie schließlich der Inquisition mit Giordano Bruno (1548–1600) im Jahre 1600 ein »Und sie bewegt sich doch!« entgegen in der Überzeugung, dass die Autorität der alten Autoritäten endgültig zerbrochen sei. Jene Aussage bedeutete nicht bloß, für eine andere Auffassung der Relativbewegung von Erde und Sonne einzutreten, sondern der Erde die Bedeutung zu nehmen, das Zentrum des gottgeschaffenen Kosmos zu sein, um das sich alles dreht – nicht nur im kinematischen Sinne.

Dieser Umbruch, den der Humanismus, den die Philosophie der Renaissance einleitete, mag heute meist nicht mehr so schroff gezeichnet werden, wie dies eben geschah; entscheidend bleibt jedoch, dass der Umbruch an der Schwelle zum 17. Jahrhundert vollzogen ist. Es fehlte hingegen eine Perspektive, eine Sichtweise, welche die neuen Elemente zu einem neuen Weltbild zusammenzuführen vermochte. Dieses hatte der Subjektivität des Individuums ebenso Rechnung zu tragen wie den Wissenschaften einen zentralen Platz einzuräumen. Es konnte sich nicht mehr auf die *auctoritas* von Lehrmeinungen stützen; es bedurfte einer veränderten Berufungsinstanz und damit auch einer anderen Methode zur Entwicklung des gesuchten Weltbildes.

Worin aber sollte das Fundament bestehen? So stehen Zweifel und Skepsis am Anfang, und – da man sich ja auf andere, also auf Autoritäten gerade nicht stützen wollte – zugleich die Notwendigkeit, diesen Neuaufbau beim Individuum, beim erkennenden Subjekt einsetzen zu lassen (das damit dem Erkenntnisobjekt als etwas grundsätzlich anderes gegenübertritt). Da dies im Übrigen zugleich mit der kopernikanischen Theorie, die die Sonne in das Zentrum des Universums steckt und die Erde an den Rand drängt, zum drängenden Problem wird, ergibt sich eine große Spannung: Während das anthropomorphe Weltbild des Mittelalters (der Mensch ist das Maß aller Dinge) zerbricht und die Erde als einer von vielen Planeten an einen peripheren Platz des Universums rückt, soll das erkennende Individuum so sehr im Zentrum stehen, dass alle Erkenntnis in ihm wurzelt.

Wie lässt sich diese Aufgabe lösen, was vermag diese einander zuwiderlaufenden Grundforderungen nach allgemeinsten, von allem Individuellen unabhängigen Naturgesetzen auf der einen Seite und der Betonung des Individuums und seiner Erkenntnisleistung auf der anderen Seite zusammenzubringen? Zwei Ansätze sind es, die sich mit Nachdruck anbieten, das Problem zu bewältigen, der des *Empirismus* und der des *Rationalismus*. Diese Bezeichnungen selbst sind viel jüngeren Datums, wenngleich sich beide Positionen in der Geistesgeschichte zurückverfolgen lassen, die eine bis zu Aristoteles (384–322 v. Chr.) und seiner Hinwendung zum Erfahrungswissen, die andere bis zu Platon (um 428–347 v. Chr.), der auf das Allgemeine abzielte; doch mit einer solchen Rückwendung zur Antike würde man das Anliegen verfehlen, das Empirismus und Rationalismus eint: Beide suchen in skeptischer Absicht eine vom Individuum ausgehende Sicherung und Begründung aller Erkenntnisse – *aller*, nicht nur der Erfahrungswissenschaften und der Mathematik, sondern auch der Ethik als Begründung der Regeln menschlichen Handelns.

Von ›Rationalismus‹ und ›Empirismus‹ schematisierend zu sprechen, wie dies hier geschieht, mag in gewisser Hinsicht leichtfertig erscheinen – handelt es sich doch um Begriffsbildungen des 19. Jahrhunderts, die einer Systematisierung der Philosophiegeschichte dienen sollten und die doch die Vielschichtigkeit der Wechselbeziehungen zwischen beiden Seiten übergeht. Zur groben Orientierung bleibt die Unterscheidung dennoch hilfreich, weil sie wichtige Grundzüge gut zu verdeutlichen vermag. So verstanden, sind beide Ansätze gegeneinander abzugrenzen. In der Philosophiegeschichte pflegt man auf Namen zurückzugreifen; danach zählen als Empiristen vor allem Francis Bacon (1561–1621), Thomas Hobbes (1588–1679), John Locke (1632–1704), George Berkeley (1685–1753) und David Hume (1711–1776). Ihnen stehen die Rationalisten René Descartes, Nicolas Malebranche (1638–1715), Arnold Geulincx (1624–1669), Baruch de Spinoza (1632–1677), Gottfried Wilhelm Leibniz (1646–1716) und Christian Wolff (1679–1754) gegenüber, um nur die wichtigsten zu nennen.

Doch Namen sagen nicht viel. Hilfreicher ist eine allgemeine Kennzeichnung und Gegenüberstellung. Gemeinsam ist beiden Strömungen das Bemühen um eine Fundierung der Erkenntnis, beide wollen deshalb in skeptischer Absicht alle Inhalte unseres Denkens durchmustern und auf eine neue, solide Grundlage stellen. In Bezug auf die Sicherheit und Unverbrüchlichkeit eben dieser Grundlage trennen sich aber deren Wege.

Die Empiristen sehen die Grundlage im *Erfahrungsgegebenen*, während die Rationalisten sie in der *Vernunft* erblicken. Wir müssen dies richtig verstehen: Kein Empirist meint, auf Vernunft verzichten zu können; aber er sieht in ihr nur ein Werkzeug, nicht jedoch die Grundlage, von der aus der neue, sichere Aufbau der Erkenntnis zu erfolgen habe, denn, so argumentiert Locke, nichts kann im Verstand sein, was nicht zuvor in den Sinnen war.

Der Rationalist hingegen wird die Notwendigkeit, Erfahrungen zu machen, nicht leugnen; aber, so wird er argumentieren: Ohne den Filter des Verstandes, ohne dessen Vermögen, dieses Material kritisch zu prüfen und aufeinander zu beziehen, wäre Erfahrungserkenntnis gar nicht möglich. Das Primäre ist für ihn also die Vernunft – und die besteht nicht nur in einem logisch-kombinatorischen Verstand, sondern aus Inhalten, die zumindest dispositionell, also als Veranlagung, angelegt sein müssen, um Erkenntnis gewinnen und begründen zu können. Die Sicherheit und die sicheren Grundaussagen stammen allein aus der Vernunft!

Nun mag es scheinen, als suchten zwar beide Richtungen, der kontinentale Rationalismus und der englische Empirismus, die Begründung an verschiedener Stelle, doch seien sie deshalb methodisch – zumindest zunächst – nicht wesentlich voneinander verschieden: Denn beide sind gezwungen, all das, was wir in unserem Denken an Vorstellungen, Begriffen, Ideen und Theorien vorfinden, zu analysieren, um die Rückführung auf die jeweilige Basis vornehmen zu können. Das trifft in gewisser Weise zu; doch setzen beide schon bei etwas gänzlich Verschiedenem ein: Der Empirist analysiert die Sprache, fragt im Anschluss nach den zusammengesetzten Begriffen und sucht schließlich diejenigen Begriffe auf, die einfach sind. ›Einfach‹ heißt dabei für ihn ein Begriff, der unmittelbar einem Wahrnehmungsgegebenen auf solche Weise zugeordnet ist, dass eine Auflösung begrifflich nicht möglich ist, weil sie in der Wahrnehmung nicht möglich ist. Beispiele hierfür wären ›rot‹, ›hart‹, ›Erdbeergeschmack‹. Sinnvoll, wird dort argumentiert, ist ein Begriff nur dann, wenn er entweder einfach in diesem Sinne oder aber nach bestimmten Assoziationsregeln aus diesen einfachen Begriffen zusammengesetzt ist.

Ganz anders dagegen der Rationalist: Auch er sucht einfache, nämlich unzerlegbare Begriffe; aber sein Kriterium lautet, dass diese in ihrem Inhalt durch sich selbst erkannt werden müssen. Solche einfachsten Begriffe sind deshalb gerade nicht auf Wahrnehmungen bezogen; vielmehr bleibt das Denken gewissermaßen bei sich, es muss sein eigener Garant sein. Diese Begriffe beziehen sich also nur auf das Denken und sind insofern das Allgemeinste, das überhaupt gedacht werden kann; es handelt sich mithin um das, was seit Aristoteles als »Kategorien«, als Grundbegriffe unseres Denkens bezeichnet wird, wie beispielsweise »Substanz«, »Essenz«, »Existenz«, »Möglichkeit«, »Notwendigkeit«. Eine bloße Möglichkeit beispielsweise ist in der Wirklichkeit nirgends empirisch auffindbar, denn dort ist alles wirklich und nicht (bloß) möglich; wir müssen den Begriff der Möglichkeit also aus unserem Denken selbst schöpfen!

An diesen Ansätzen wird deutlich, wo die Wurzeln beider Denkrichtungen liegen. Während der Empirist die Grundbegriffe des Rationalismus nur als Abstrakta zulassen möchte, die durch Verallgemeinerung gewonnen und deshalb nur *nomina* – Namen – sind, wird der Rationalist in seinen Grundbegriffen etwas sehen, dem eine eigenständige Seinsweise als Begriff, als Idee zukommt: Sie sind in diesem Sinne real, eine *res*. So schließen sich die Empiristen einer nominalistischen Tradition an (und das bis heute), während die Rationalisten in der Nachfolge des platonischen Begriffsrealismus stehen.

Aus diesen verschiedenen Ansatzpunkten ergeben sich zwangsläufig zwei unterschiedliche Methoden für den Aufbau der Erkenntnis:

Wenn der Empirist vom Erfahrungsgegebenen ausgeht, also von der individuellen, singulären Wahrnehmung, dann muss er zu allgemeinen Aussagen induktiv fortschreiten. Seine Methode wird deshalb vor allem in der *Induktion* bestehen, wie Bacon sie beschrieben hat und wie Hume den methodischen Weg der Erkenntnis als Weg vom Besonderen zum Allgemeinen kennzeichnete.

Ganz anders dagegen der Rationalist: Er geht gerade nicht vom Singulären und Individuellen aus, sondern von dem, was jedem Vernünftigen kraft seines Verstandes unmittelbar und zweifelsfrei einleuchtet. Dies kann nur etwas Allgemeines sein, aus dem alles andere vermöge der Ableitung, der *Deduktion*, sei es in Gestalt der Logik, sei es in mathematischen Ableitungen, gewonnen werden muss. So nehmen mathematische und logische Untersuchungen bei den Rationalisten einen ungleich größeren Raum ein als bei den Empiristen. Und wenn Immanuel Kant (1724–1804) später sagen wird, etwas sei nur so weit eine Wissenschaft, als Mathematik darin enthalten sei, so steht er damit in dieser Tradition des Rationalismus.

Schließlich gilt es, einen weiteren Punkt festzuhalten, der sich nicht so unmittelbar methodisch umsetzt, der aber dennoch auf Schritt und Tritt spürbar wird: Die Empiristen halten an ihrer skeptischen Grundhaltung auch nach dem Rückgang auf die Wahrnehmungsgegebenheiten fest und setzen in dieser Einstellung an zu einer Kritik am Seele-Begriff und der Unsterblichkeit der Seele, am Substanzbegriff und damit an Gott als oberster Substanz, an der Sprache und damit an der Vorurteilsbeladenheit allen Denkens. Demgegenüber bedeutet der methodische Zweifel der Rationalisten nur ein Bemühen um eine sichere Grundlegung, von der aus der Neuaufbau erfolgen soll, und dies nicht mit dem Ziel einer Kritik, sondern in der Absicht, die Welt bis hin zu Gott als begreifbar nachzuweisen: Menschliches Denken, menschliche Erkenntnis ist nicht in enge Grenzen eingeschlossen, denn die Welt in ihrer Gesetzmäßigkeit, die Ethik in ihrer Vernünftigkeit, die Existenz Gottes schließlich sind erfassbar, Kausalität und Finalität der Welt erscheinen durchschaubar.

Der Erfolg der Naturwissenschaften ist auf dem Hintergrund dieses rationalistischen Paradigmas zu sehen. Sie stellen den vernünftigen Zugriff auf die Welt dar, den der Rationalismus als grundsätzlich möglich nachzuweisen trachtet. Der Vernunftoptimismus – der im Übrigen zusammen mit der skeptisch-ideologiekritischen Komponente des Empirismus im 18. Jahrhundert die Aufklärung hervorbringen sollte –, dieser Optimismus findet seine systematische Eingrenzung erst in Kants *Kritik der reinen Vernunft* als Kritik der Vernunft an sich selbst. Das ist der Grund, weshalb man wohl noch die Wolff'sche Schule, also die Philosophie des Aufklärers Christian Wolff und seiner Schüler, nicht aber Kant dem Rationalismus zurechnet. Dennoch – bewundernswert bleibt die denkerische Kraft, die, auf sich selbst gestellt, jene philosophischen Systeme hervorbrachte, in denen die Philosophie nicht mehr die Magd der Theologie ist, sondern in denen der Mensch, durch die kopernikanische Theorie zu einem Zufallsprodukt am Rande des Universums erniedrigt, sich selbst zum erkennenden Zentrum dieser Welt erhebt und sie erkennend als einen Kosmos erweist. So kann Hegel (1770–1831) Descartes als den »wahrhaften Anfänger der modernen Philosophie«[1] preisen, der – nach mehr als einem Jahrtausend der Abhängigkeit – die Philosophie zu ihrem ureigensten Gegenstand zurückführe, nämlich zum Prinzip des Denkens und zur Reflexion auf eine Welt, in der alles reguliert ist durch das Denken.

Fassen wir kurz die Bestimmungsstücke zusammen, die soeben für den Rationalismus herausgearbeitet wurden: Sein *Ziel* ist die begründete Erkenntnis durch Ratio und der Erweis der Erkennbarkeit der Welt. Seine *Methode* besteht im Zweifel an Autoritäten, Überlieferungen und Wahrnehmungen, in einer Analyse der Denkinhalte, ausgerichtet auf eine Freilegung der einfachsten Begriffe und allgemeinsten Prinzipien, um hierauf gesichertes Wissen bauen zu können: Die Axiomatik in Gestalt der Regeln für die Art des Vorgehens wird so nach dem Vorbild der Geometrie Euklids (um 300 v. Chr.) zum einenden Methodenideal. Mit der großen Bedeutung, die im Rationalismus dieser Methode zukommt, wird nicht nur die theoretische Grundlage für Galileo Galileis (1564–1642) These nachgetragen, das Buch der Natur sei in mathematischen Zeichen

1 Vgl. G. F. W. Hegel, *Vorlesungen über die Geschichte der Philosophie*, Frankfurt a. M. 1979, Tl 3., II.1 A1 Descartes.

geschrieben, sondern auch das Fundament für jenen Optimismus gelegt, der in der Vernunft das menschliche Mittel der Naturbeherrschung und späterhin auch der Geschichtssteuerung sehen wird.

Diese Kennzeichnung macht deutlich, dass der Rationalismus eine erkenntnistheoretische, nicht eine ontologische Position bezieht, fragt er doch primär nach der Erkenntnisbegründung unter dem Vorrang, dem Primat der Vernunft, während die Frage nach der Seinsweise der Erkenntnisgegenstände zurücktritt und höchst unterschiedlich beantwortet wird. So ist die vielfach zu findende Behauptung unzutreffend, der Rationalismus müsse dem Idealismus, der Empirismus dem Realismus zugerechnet werden. Für den Empiristen gilt zwar, dass Hobbes etwa Materialist, nämlich Atomist war (es gibt kleinste Teilchen, die als solche nicht mehr teilbar sind); doch nach einer Übergangsphase bei Locke sind Berkeley und Hume Sensualisten, also subjektive Idealisten. Dagegen ist Descartes Dualist – es gibt für ihn sowohl das Denken als auch die Materie –, ebenso Malebranche, während Spinoza Monist ist und Denken und Materie als zwei Aspekte ein und desselben ansieht. Erst Leibniz ist Idealist in einer spezifischen Vereinigung von Elementen des objektiven und des subjektiven Idealismus; Christian Wolff hingegen kehrt zum dualistischen Standpunkt Descartes' zurück, wie später auch Kant – wenngleich auf andere Weise.

Gerade dieser Wechsel der Positionen bezeichnet aber bereits Probleme, die sich dem Rationalismus stellen und die sich angesichts der genannten Ziele zum Leitfaden wählen lassen. Dazu zählen

- das Verhältnis von Erfahrung und Vernunft,
- das damit zusammenhängende Verhältnis von Körper und Geist (Leib und Seele),
- das Problem des Verhältnisses von Vernunft und Leidenschaft (Affekt) sowie
- das Problem der Freiheit und der Begründung der Ethik.

Ein weiteres Problem tritt hinzu: Wenn diese Welt erkennbar ist, wenn auch die Grundaussagen der Ethik aus der Vernunft gewonnen werden können, so stellt sich dem Rationalismus die brennende Frage, wie das erkennbar Schlechte in der Welt mit der Güte Gottes vereinbar ist – das sogenannte Theodizeeproblem. Man wird das Problem deshalb zu denjenigen Fragen zählen müssen, die für den Rationalismus zentral sind oder sich zwangsläufig ergeben, auch wenn es bei Descartes allenfalls angelegt, bei Spinoza zurückgedrängt und erst bei Leibniz in seiner ganzen Breite behandelt wird.

Warum, so ist am Ende dieser Einleitung zu fragen, gilt der Rationalismus, gilt Descartes' Denken nun aber als Beginn der neuzeitlichen Philosophie? Was ist daran so neu, so anders? Warum auch wird dies erst in zweiter Linie von Bacon, dem Begründer des Empirismus, gesagt? Schließlich ist doch alles so neu nicht: Der Ausgang vom Einzelnen findet sich bei Aristoteles; und das berühmte cartesische *cogito ergo sum* – »Ich denke, also bin ich« – hat schon Kirchenvater Augustinus gesagt. Die Forderung nach methodischem Vorgehen kennzeichnete Platon in seiner dihairetisch-dialektischen Methode, die Begriffe systematisch ordnet und in ihrem inneren Bezug erfasst, ebenso wie Aristoteles, der gerade aus solchen Gründen die Logik entwickelte. Das ideale Modell eines axiomatischen Systems schließlich stammt von Euklid. Hatten die Mathematiker in bewundernswerten Gedankengebäuden der Geometrie nicht längst schon jene Systematik entwickelt und angewandt, welche die Rationalisten suchen? Hatten nicht die Jesuiten Tycho Brahes (1546–1601) Konzept akzeptiert und sich bemüht, moderne Astronomie – durchaus im Sinne von Kopernikus (1473–1543) – zu treiben? Von den vorgenommenen Kennzeichnungen bliebe also nur die eine, die Kritik an Autoritäten!

All dies mag zutreffen, und doch wäre es eine bloß äußerliche Beschreibung. Denn während sich etwa der empiristische Ansatz mühelos mit Hilfe der Lehre von der doppelten Wahrheit (also einer Trennung von christlicher Glaubenswahrheit und weltlichem Wissen) in eine nominalistische Scholastik integrieren ließ, wurden alle solchen Versuche vom Rationalismus zurückgewiesen. Damit aber war eine der zentralen Lehren des Tridentinum (Trienter Konzil, 1545–63) als Auftakt zur Gegenreformation zurückgewiesen, wonach nämlich die Tradition echter Bestandteil der Auslegung der Heiligen Schrift und damit Bestandteil der Heilslehre sei. Ein Ansatz wie der des Rationalismus, der nicht bereit ist, eine Tradition zum Wahrheitsbeweis heranzuziehen, greift die Basis der katholischen Lehre ebenso wie die Grundlage der sich entwickelnden protestantischen Orthodoxie an. Dieser Angriff erfolgte überdies mit dem Anspruch, allein die Vernunft sei beim Geschäft der Erkenntnis am Werk, eine menschliche Vernunft, die eine Offenbarung gar nicht als Inhalt einer wissenschaftlichen Aussage würde gelten lassen können. Dies alles schließt eine Vernunftreligion, Gottesbeweise oder Unsterblichkeitsbeweise der Seele nicht aus – ganz im Gegenteil, zeigen sie doch die Leistungsfähigkeit solcher Vernunft. Wenn Descartes also der Neubegründer der Philosophie genannt wird, so liegt es wesentlich an dieser Sichtweise, die dem erkennenden Einzelnen und dessen Vernunft den Vorrang vor der Tradition einräumte.

2 Leben und Werk

René Descartes, früher gelegentlich »Des Cartes« oder latinisiert »Cartesius« geschrieben und wegen seiner Zugehörigkeit zum niederen Adel auch bezeichnet als »Sieur du Peron«, wurde am 31. März 1596 in La Haye (heute: La Haye-Descartes) in der Touraine geboren. Sein Großvater war Arzt, sein Vater wie auch sein Bruder Justizbeamter; seine Mutter starb, als Descartes ein Jahr alt war. Etwa ab 1607 bis 1614 besuchte er die im Jahr 1604 gegründete Jesuitenschule in La Flèche (Anjou), eine der besten und modernsten Schulen Europas. Er lernte dort Latein und Griechisch, die aristotelisch orientierte scholastische Philosophie und Mathematik, er erwarb Kenntnisse über Galilei und das kopernikanische Weltbild und erhielt die Erlaubnis zur Lektüre von auf dem Index stehenden verbotenen Schriften. Für einen jungen Mann von Welt, wenn auch von niederem Adel, traten Schauspiel, Fechten und Federball hinzu. 1616 bestand er in Poitiers das Bakkalaureat und das Lizentiat der Rechte, ohne jedoch später die Stelle eines Juristen anzutreten. Vielmehr wollte er, wie er später sagen wird, die Welt kennenlernen. So zog er zur militärischen Ausbildung nach Holland zu Moritz von Nassau (1567–1625), dessen Militärschule hohes Ansehen genoss. Dort traf er 1618 Isaac Beeckman (1588–1637). Diese Begegnung muss Descartes' Interesse an Philosophie geradeso wie an Physik und Mathematik geweckt haben, denn Beeckman, ein acht Jahre älterer Mediziner, vermittelte ihm die Auffassung, Physik müsse, um strenge Wissenschaft zu werden, in Mathematik verwandelt werden. So schrieb Descartes für Beeckman sein erstes kleines Werk, das *Compendium*

Musicae (*Leitfaden der Musik*), das eine Proportionenlehre musikalischer Intervalle im Geiste der pythagoreischen Tradition zum Inhalt hat und insofern dem Gedanken einer Mathematisierung entgegenkam.

Im Jahre 1619, ein Jahr nach Beginn des Dreißigjährigen Krieges, finden wir Descartes in Kopenhagen und Danzig, in Polen, Österreich, Ungarn und Böhmen und schließlich in Frankfurt am Main bei der Kaiserkrönung Ferdinands II. Während die Kampfhandlungen ruhten, verbrachte er den Winter 1619/20 in Ulm im Gespräch mit dem Mathematiker Johann Faulhaber (1580–1635), einem Rosenkreuzer. Am 10. November 1619 hatte Descartes drei Träume, die ihn sehr bewegten und ihn eine Wallfahrt nach Loreto geloben ließen. Wichtiger aber: Nach heute verlorenen Aufzeichnungen, auf die sich sein erster Biograf Adrien Baillet stützte, bestärkten ihn diese Träume in dem Gedanken, eine universelle Wissenschaft nach einheitlicher Methode aufzubauen.[1]

Ein Jahr später war Descartes möglicherweise an der Schlacht am Weißen Berge beteiligt, durch die der böhmische König Friedrich von der Pfalz (1596–1632) seine Krone verlor, eben jener König, dessen Tochter Elisabeth von der Pfalz (1618–1680) zwei Jahrzehnte später in intensivem Gedankenaustausch mit Descartes stehen sollte. Während er 1622 in Rennes, Poitou und Paris weilte, reiste er zwei Jahre darauf nach Italien. Dass er bei dieser Reise auch sein Gelübde einer Wallfahrt nach Loreto einlöste, ist möglich; sicher ist hingegen, dass es nicht zu einer Begegnung mit Galilei kam. 1625 kehrte Descartes nach Paris

1 Vgl. Baillet, *Vie de M. Des-Cartes* I, S. 81 ff.

zu selbständiger wissenschaftlicher Tätigkeit zurück. Durch den Verkauf von Liegenschaften der Mutter war er finanziell unabhängig geworden; so konnte er sich ungestört Problemen der Dioptrik widmen, der Lehre vom Licht in durchsichtigen Medien. Mit Pater Marin Mersenne (1588–1648), dem ›Briefträger des wissenschaftlichen Europas‹, verband ihn eine enge Freundschaft. (Mersenne, selbst Mathematiker und Physiker, vermittelte zahlreiche Briefwechsel, die auch anderen Lesern zugänglich gemacht wurden und damit in dieser halb-öffentlichen Form Vorläufer der späteren wissenschaftlichen Zeitschriften darstellten.) Es entstand der Gedanke der *morale provisoire*, einer vorläufigen Moral, deren Grundsätze ein Jahrzehnt später im *Discours de la Méthode* entwickelt werden sollten.

Im Jahre 1628 emigrierte Descartes in die Niederlande, in das europäische Land, in dem am ehesten Meinungs- und Religionsfreiheit herrschten. Zugleich waren die Niederlande ein Zentrum des Handels und der Wissenschaften. Hier finden wir ihn im Gespräch mit dem Theologen Abraham Heidanus (1597–1678) und dem Philosophen Adrian Heereboord (1614–1661), mit den Medizinern Cornelius van Hogelande (um 1590–1662), der auch Alchemist war, und Henricus Regius (1598–1679), der Descartes' erster Schüler werden sollte. Befreundet war er mit Constantijn Huygens (1596–1687), Sekretär des Prinzen von Oranien; und zu dessen Sohn Christiaan (1629–1695) – einem berühmten Physiker – entwickelt sich ein väterliches Verhältnis. Seinen Wohnsitz wechselte er vielfach, möglicherweise, um nicht so leicht auffindbar zu sein – getreu seiner Lebensmaxime »bene vixit, qui bene latuit« (»Gut hat gelebt, wer sich gut verborgen hat«)[2]. In den Jahren 1623 bis 1629 entwarf er die *Regulae ad directionem ingenii* (*Regeln zur Leitung des Verstandes*), die jedoch nicht vollendet wurden und erst 1701 im Druck erschienen, die aber beispielsweise Leibniz, der sich eine Abschrift besorgt hatte, schon früher bekannt geworden waren. Anliegen der *Regulae* ist es, für alle Wissenschaften eine an der Mathematik orientierte Methode zu entwickeln, ein Ansatz, der – scheinbar im Plauderton – 1637 im *Discours de la Méthode* (*Abhandlung über die Methode, seine Vernunft richtig zu leiten und die Wahrheit in den Wissenschaften zu suchen*) aufgenommen wird. Doch der *Discours* gilt nicht nur der Darstellung dieser neuen Methode, deren sich jeder Mensch bedienen kann, weil im Grundsatz alle an der Vernunft teilhaben – er entwickelt erstmals das »Ich denke, also bin ich«[3]. Nun ist diese Schrift als Einleitung zu exemplarischen Beispielen der geplanten neuen Wissenschaft gedacht; sie erschien zusammen mit einer Arbeit zur Lichtbrechung, *La Dioptrique*, einer zur Geometrie, *La Géométrie*, in der das entwickelt wird, was wir heute Analytische Geometrie nennen, und einer Abhandlung mit dem Titel *Les Météores* (*Die Himmelskörper*), in der es um Phänomene am Himmel wie Wolken und den Regenbogen geht. Schon diese Verbindung zeigt, dass Descartes' Philosophie gar nicht anders als in ihrem Zusammenhang mit den Wissenschaften gesehen werden darf, auch wenn es der *Discours* war, welcher ihn rasch berühmt machte. Be-

2 Ovid, *Tristia* III.IV.25; Brief an Mersenne, April 1634; AT I.286.

3 Disc. IV; AT VI.32, S. 65. Descartes-Zitate werden mit der Standardausgabe von Adam und Tannery (AT) belegt. Die Übersetzungen folgen den in den Literaturhinweisen im Fettdruck gekennzeichneten Ausgaben mit Seitenzahl.

reits 1632 war die Schrift *Le Monde* (*Die Welt*) entstanden, die Descartes aber wegen der Verurteilung Galileis (1633) und aus Sorge um Auseinandersetzungen mit der katholischen Kirche nicht veröffentlichte.

Ein erster Entwurf der *Meditationes* war schon gegen 1634 entstanden; 1641 erschien das Werk unter dem Titel *Meditationes de Prima Philosophia* (*Meditationen über die Grundlagen der Philosophie, in denen die Existenz Gottes und die Unsterblichkeit der Seele* [von der zweiten Auflage an: *die Verschiedenheit der menschlichen Seele vom Körper*] *bewiesen werden*).

Die *Meditationes* sind das zentrale philosophische Werk Descartes', denn in ihm entwickelt er jenen eigenen Ansatz, der als die Begründung des Rationalismus gilt. Vor dem Druck waren sie über Mersenne einer Reihe renommierter Fachleute mit der Bitte um Stellungnahme zugegangen. Diese Einwände stammen neben zwei Sammelberichten, die Mersenne zusammengestellt hatte, von dem Theologen De Kater (Caterus, um 1590–1655), der die Gottesbeweise kritisierte, dem englischen Philosophen Thomas Hobbes, der in seiner materialistischen Seelentheorie die völlige Gegenposition zu Descartes und dessen Unterscheidung von Seele und Körper vertrat, dem Theologen Antoine Arnauld (1612–1694), der sich vor allem mit theologischen Problemen auseinandersetzte, und dem empiristischen Philosophen Pierre Gassendi (1592–1655), der sich gegen Descartes' These von den eingeborenen Ideen wandte; in der zweiten Auflage von 1642 wurden Kritiken von Pater Pierre Bourdin (1595–1653) hinzugefügt. Sie alle wurden, ergänzt um Entgegnungen Descartes', zusammen mit den *Meditationes* gedruckt.

Dass die neue Grundlegung nicht nur philosophische Erwägungen zu tragen vermag, sollen die 1644 erscheinenden *Principia Philosophiae* (*Prinzipien der Philosophie*) zeigen, in denen Descartes – nach einer kurzen Zusammenfassung der *Meditationes* – den Versuch unternimmt, die ganze Theorie der physischen Welt auf dem neu geschaffenen Fundament aufzubauen. Dasselbe Ziel verfolgt er für eine Theorie der menschlichen Empfindungen und eine Theorie der Funktionsweise des menschlichen Körpers, beide ursprünglich als Teil der *Principia* geplant, doch erst mit den 1649 erscheinenden *Passions de l'Âme* (*Die Affekte der Seele*) und dem postum 1661 veröffentlichten *Traité de l'Homme* (*Abhandlung über den Menschen*) verwirklicht.

Von drei Frankreichreisen abgesehen, lebte Descartes von 1628 bis 1649 in den Niederlanden. Aufgrund einer Einladung der Königin Christine von Schweden (1626–1689), der zu folgen er mehrfach hinauszögerte, die aber immer drängender vorgetragen wurde, reiste er im Herbst 1649 nach Stockholm. Doch die Monarchin war viel zu beschäftigt, um sich der Philosophie zu widmen; erst Mitte Januar des folgenden Jahres fand sie Zeit, sich dreimal die Woche, morgens um fünf Uhr, in Philosophie unterweisen zu lassen. Descartes, von Natur alles andere als ein Frühaufsteher, holte sich zu so nächtlicher und eisiger Stunde eine Lungenentzündung, und da er allen Ärzten misstraute und deren Hilfe von sich wies, starb er nach neun Tagen, am 11. Februar 1650. Dass dies in Wirklichkeit kein natürlicher Tod, sondern ein Mord gewesen sei, heraufbeschworen durch das angespannte Verhältnis von Protestanten und Katholiken am schwedischen Hof, wird immer wieder behauptet, auch wenn die Indizien dafür sehr schwach sein mögen. – Sechzehn Jahre später wurden Descartes' sterbliche Überreste nach Frankreich überführt. Schon drei Jahre zuvor waren seine Schriften auf den Index gesetzt worden, während sich sein Denken, sein Wissenschaftsverständnis und seine Philosophie über ganz Europa ausbreiteten. Von Holland und dort insbesondere von den Medizinern weitergetragen, erfasste es in einem halben Jahrhundert praktisch alle Universitäten: Der Cartesianismus hatte sich auf dem Kontinent als neue, die Wissenschaften begründende Weltsicht durchgesetzt.

3 Die Methode der Analyse und Synthese

Wenn das Ziel des Rationalismus der Erweis der Verstehbarkeit der Welt und insbesondere die Begründung unseres Wissens ist, so bedarf es einer Methode, welche die Sicherheit eines jeden Schrittes gewährleistet. Sie entwickelt zu haben, gilt in der Geschichte der Philosophie als eines der hauptsächlichen Verdienste Descartes'.[1] Erst ein methodisches Vorgehen lässt aus einzelnen, isolierten Wissensbeständen eine wissenschaftliche Aussage entstehen. Mehr noch: Wenn Erkenntnis auf richtigem Denken beruht, so werden die Regeln des richtigen Denkens, die Kriterien der Wahrheit und die Methode der Erkenntnisgewinnung und -sicherung zum Zentralproblem schlechthin.

Das, was Descartes zum Methodenproblem zu sagen hat, ist im *Discours de la Méthode* bei weitem nicht so konzipiert, wie man angesichts der Bedeutung des methodischen Zugangs hoffen sollte; es empfiehlt sich deshalb, zum besseren Verständnis vom unvollendeten, postum veröffentlichten Frühwerk der *Regulae* auszugehen.

3.1 Die *Regulae ad directionem ingenii*

Descartes' methodologische Schrift der *Regulae ad directionem ingenii*, an der er 1623 und noch einmal 1628 arbeitete, weist hinsichtlich ihrer Deutung in der Literatur in zwei gänzlich verschiedene Richtungen. Während ein größerer Teil der Interpreten in ihr die Vorbereitung jener knappen

1 Vgl. Fischer, *Descartes* I, S. 181.

vier methodischen Regeln erblickt, die Descartes im *Discours de la Méthode* formulieren sollte, sehen andere einen derart radikalen Umbruch zwischen beiden Schriften, dass Descartes »frühestens im Winter 1628/29 zum Cartesianer wird«, denn die *Regulae* beruhten »auf Prinzipien, die mit der Philosophie Descartes' nach 1629 im Widerspruch stehen«.[2] Beide Auffassungen haben gute Gründe für sich; da aber Descartes selbst nicht von einem radikalen Bruch spricht, sondern mehr die Kontinuität seines Denkens betont, soll hier der Versuch unternommen werden, eher das Verbindende zu sehen, ohne allerdings die Differenzen beiseiteschieben oder leugnen zu wollen.

Worum geht es in den *Regulae*? In ihnen zielt Descartes darauf ab, die so erfolgreiche mathematische (oder geometrische) Methode der Analyse und Synthese auf alle Wissenschaften überhaupt auszudehnen, um damit zu einer völlig neuartigen Einheit aller Erkenntnis in Gestalt einer *Mathesis universalis*[3] zu gelangen. Das ist zunächst nichts Neues, bedeutet es doch nur, dass man, vor ein (geometrisches) Problem gestellt, dieses so lange zerlegt, bis man bei schon Bekanntem und Bewiesenem ankommt. In der nachfolgenden Synthese werden die ursprünglichen Analyseschritte, nun ausgehend vom Bewiesenen, zum Ausgangsproblem zurückverfolgt, und zwar dergestalt, dass diese Synthese ein Beweis ist: An die Stelle der ursprünglichen Frage tritt eine begründete Aussage. Diese Vorgehensweise der Geometrie findet sich in der Scholastik, aufgeteilt in

2 So Gäbe, *Descartes' Selbstkritik*, S. 1. Vgl. auch Gäbe, »Einleitung«, in: *Regulae*, hrsg. von Springmeyer [u. a.].

3 R. IV; AT X.379, S. 33.

zwei Methoden, die *Scientia quia*, die ausgehend vom Gegebenen nach den jeweiligen Gründen oder Ursachen fragt, und die auf diese folgende *Scientia propter quid*, die diese Gründe zu einer Begründung umkehrt. Auch die frühe Neuzeit betont die Bedeutung dieses Vorgehens – so beispielsweise Hobbes. Dennoch setzt Descartes einen neuen Akzent, indem er beide Verfahren zu einer einheitlichen Methode zusammenfügt und sie – stärker als die Scholastik oder Hobbes es taten – in die Nähe ihres Ausgangspunktes, in die Nähe der Mathematik rückt.

Die Schrift sollte aus drei Teilen zu je zwölf »Regeln zur Ausrichtung der Erkenntniskraft« bestehen. Sie beabsichtigte, die geometrische Algebra zu einer Universalwissenschaft dergestalt zu erweitern, dass unsere Erkenntniskraft (*ingenium*) »über alles, was es gibt, zuverlässige und wahre Urteile«[4] zustande bringt. Denn »Alles Wissen ist sichere und evidente Erkenntnis«[5]. Das, wodurch die Erkenntniskraft geleitet werden soll, ist die *Methode*; Regel IV sagt lapidar: »Zum Untersuchen der Wahrheit der Dinge ist eine Methode notwendig«[6].

Diese soll nicht disziplinspezifisch, sondern *universell* sein; eben darum begründet sie als ihr Resultat eine *Einheit der Erkenntnis*. Das aber bildet den entscheidenden neuen Gesichtspunkt, der Descartes von der Scholastik unterscheidet, die er immer wieder zurückweist:[7] Richtete sich die scholastische Methode nach dem jeweiligen Gegenstand (wie wir dies heute durchaus wieder für die Einzel-

4 R. I; AT X.359, S. 3.
5 R. II; AT X.362, S. 7.
6 R. IV; AT X.371, S. 23.
7 Vgl. Specht, *Descartes*, S. 71.

wissenschaften in Anspruch nehmen würden), so verlangt Descartes ganz im Gegenteil ein durchgängiges Verfahren, das allen Wissenschaftsdisziplinen gemeinsam sein soll. Instinktiv, meint er, hätten große Talente diese Denkweise früher schon »durchschaut«[8]; nun aber gelte es, sie solle »die ersten Bestandteile der menschlichen Vernunft enthalten und sich auf Wahrheiten ausdehnen lassen, die aus jedem beliebigen Gegenstand entwickelt werden können«[9].

Hierbei definiert Descartes *Methode* als

> sichere und einfache Regeln, die jeden, der sie genau befolgt, niemals Falsches als wahr voraussetzen lassen, und ihn, weil er die Anstrengung des Geistes nicht unnütz aufwendet, sondern sein Wissen schrittweise vergrößert, zur wahren Erkenntnis alles dessen gelangen lassen, wozu er fähig sein wird.[10]

Erläuternd fügt er hinzu:

> Wenn aber die Methode richtig erklärt, wie die Intuition des Geistes verwendet werden muß [...] und wie Deduktionen herausgefunden werden können, damit wir zur Erkenntnis von allem gelangen, dann scheint mir alles vorhanden zu sein, was die Methode vollständig macht.[11]

8 R. IV; AT X.373, S. 25.
9 R. IV; AT X.374, S. 27.
10 R. IV; AT X.371, S. 23, 25.
11 R. IV; AT X.372, S. 25.

Die neue Methode stützt sich also insgesamt auf Regeln. Diese haben nichts mit logischen Schlussregeln zu tun; von Logik ist gar nicht die Rede (oder doch allenfalls implizit, wenn von Deduktionen, also von Ableitungen gesprochen wird), ja, über die traditionelle scholastische Logik spottet Descartes: Einem schon vorhandenen Wissen wird mit ihr ein Schein von Ordnung aufgezwängt. Hingegen ist er der Überzeugung, dass wir in der Geometrie oder in der Mathematik, anders als in der Syllogistik, *neue* Erkenntnisse zu gewinnen vermögen.

Der Syllogismus

Alle A sind B
Einige B sind C
Einige A sind C

bietet uns keinerlei neue Erkenntnisse. Doch wenn wir begriffen haben, dass die Quadratwurzel von 2 geometrisch gewonnen werden kann, nämlich als Diagonale eines Quadrates, dann führt uns der Satz des Pythagoras auch zu einer Konstruktion der Quadratwurzel aus 3, wenn wir im Endpunkt der Diagonalen des Quadrates der Seitenlänge 1 das Lot errichten und auf ihm eine Einheitslänge abtragen: Die Hypotenuse des so konstruierten Dreiecks hat die Länge der Quadratwurzel aus 3. Dieses Verfahren lässt sich nun beliebig fortführen und erlaubt uns, geometrisch alle Quadratwurzeln zu konstruieren: Wir gewinnen stets etwas Neues durch Anwendung der (Konstruktions-)Methode! Nun ist dies weder ein cartesisches Beispiel (schon Platon bediente sich seiner) noch eines aus der Arithmetik; dennoch zeigt es, wieso Descartes glaubte, Geometrie und Mathematik führten zu Neuem, wenn man deren Verfahren methodisch einsetzt.

Es geht also um ganz andere Regeln als jene der Logik, um solche nämlich, die man befolgen muss, um zu gesicherter Erkenntnis gelangen zu können. Doch was sind eigentlich Regeln? Sie sind selbst nicht wahr oder falsch, denn sie beschreiben nichts; sie schreiben vielmehr vor, sie sagen, wie ich etwas anzufassen und was ich zu tun habe; sie sind mithin präskriptiv (vorschreibend) oder normativ (gesetzgebend). Regeln sind überdies etwas ganz Methodisches: Man wird weder von der Natur allgemein noch von einem Tier sagen können, sie folgten einer Regel im Sinne einer Vorschrift. Regeln – das macht ihr Wesen aus – sind hinsichtlich ihrer Verbindlichkeit nicht zu beweisen, sondern nur zu rechtfertigen. Das gilt insbesondere für die Regeln methodischer Erkenntnis, die ja gerade bestimmen, wie man zu Erkenntnissen gelangt; und deshalb können sie nicht ihrerseits den Status einer solchen Erkenntnis haben. Die Rechtfertigung der Regeln besteht denn auch nur partiell in ihrem Erfolg; in erster Linie ergibt sie sich – auch wenn Descartes das alles nicht explizit sagt – aus dem Ziel, dem erkennenden Subjekt eine Methode zur Erkenntnis*sicherung* an die Hand zu geben. Regeln sind die Artikulation einer Methode, die die Vernunft mich angesichts dieses Zieles anzunehmen zwingt.

Was die neue Methode im Einzelnen ausmacht, wird in Regel V gesagt:

> Die gesamte Methode besteht in der Ordnung und Gliederung dessen, worauf die Schärfe des Geistes zu richten ist, um eine Wahrheit herauszufinden. Diese Methode

> befolgen wir dann exakt, wenn wir verwickelte und dunkle Propositionen stufenweise auf einfachere zurückführen und danach versuchen, von der Intuition der allereinfachsten über dieselben Stufen zur Erkenntnis aller anderen aufzusteigen.[12]

Es handelt sich also um nichts anderes als das aus der Geometrie über Jahrhunderte vertraute Verfahren der (Problem-)Analyse mit anschließender Synthese mit Beweischarakter.

Der Weg zur unerschütterlichen evidenten Erkenntnis, die nach Regel II gesucht wird, soll nun durch eine Unterteilung der Fragen in »einfache Propositionen« und »verwickelte und dunkle Propositionen« bewältigt werden. Der Begriff *propositio* taucht erst in Regel XI auf, vorher ist von *res* oder *quaestio* die Rede; gemeint ist also ganz allgemein der zu erforschende Gegenstand, der der Methode unterworfen wird. Verwickelte und dunkle Propositionen werden wiederum in ein Problem, das »vollkommen verstanden« sei und »unvollkommen verstandene Probleme« zerlegt.[13]

Hieraus ergibt sich die Einteilung des Werkes: Die Regeln I bis XII gelten den *einfachen Propositionen*, die Regeln XIII bis XXIV sollten die *vollkommen verstandenen Probleme* behandeln (fertiggestellt wurde der Text nur bis Regel XVIII, gefolgt von einer Formulierung der bloßen Regeln ohne Erläuterung bis zu Regel XXI). Der wohl nie in Angriff genommene dritte Teil hätte den *unvollkommen*

12 R. V; AT X.379, S. 37.
13 R. XIII; AT X.430, S. 123, 125.

verstandenen Problemen gelten sollen, mithin Fragen, die sich aufgrund von Daten und Experimenten nie vollkommen beantworten lassen, also empirischen Fragen: Deren Beantwortung muss immer hypothetisch bleiben. Durch den Kunstgriff, solche Aussagen als Hypothesen in einer Wenn-dann-Form auszudrücken und damit von Bedingungen abhängig zu machen, bezieht sich die Zuverlässigkeit der Antwort nur auf den Fall des Erfülltseins der vorausgesetzten Hypothesen. Auf diese Weise sollen die unvollkommen verstandenen Probleme auf vollkommen verstandene zurückgeführt werden.[14] Wenn aber die vollständig verstandenen Probleme die der Mathematik sind, so ist mit diesem Ansatz ein Reduktionsprogramm empirischer Aussagen auf konditionale mathematische Aussagen zum Ausdruck gebracht: Gerade darin zeigt sich das Programm einer *Mathesis universalis.*

Ein ähnlicher Rückführungsgedanke beherrscht den zweiten Teil. Es geht dort um die Übertragung des damals noch recht neuen Verfahrens der Mathematik, in einer Gleichung das Unbekannte mit *x* zu bezeichnen und formal wie die schon bekannten Werte zu behandeln, um, vereinfacht gesagt, die Gleichung nach *x* aufzulösen. *Direkt lösbare Fragen* oder Propositionen sind nun solche, die allein mit den arithmetischen Grundoperationen gelöst werden können.[15] Sie verlangen an Erkenntniskraft nur das, was uns von Natur mitgegeben ist. Die Hauptaufgabe besteht also darin, die Gleichungsauflösung so weit zu treiben, dass wir eine vollkommen verstandene Frage in eine direkt lösbare über-

14 R. XIII; AT X.431 S. 123.
15 Vgl. R. XVII; AT X.460.

führt haben. Zugleich mit dem Rückführungsprogramm wird der Anspruch Descartes' deutlich, alle überhaupt absicherbare Erkenntnis auf diese Weise erfasst zu haben, denn wo nachweislich eine Rückführung der skizzierten Art *nicht* möglich ist, sind wir an unüberschreitbare Grenzen der menschlichen Erkenntniskraft gestoßen.[16] Genau hier, in der Grenzziehung zwischen Erkennbarem und Unerkennbarem, wird allerdings die Differenz zum späteren Werk liegen, denn für den Descartes der *Regulae* sind Erkenntnisse über die Existenz des Ich oder Gottesbeweise nicht vorstellbar. Wo wir hingegen erfolgreich sind, gelangen wir zu notwendiger und evidenter Erkenntnis. Da die Methode universell ist, konstituiert sie zugleich eine Einheit des Wissbaren, eben eine Universalwissenschaft.

Das bisher Gesagte mag den Eindruck erwecken, wir hätten es in den *Regulae* mit einem Mathematikbuch zu tun. Doch weit gefehlt, denn es handelt nicht von mathematischen Gleichungen, sondern von der *Methode*, solche Gleichungen zu lösen. Eben diese Methode soll auf *alle* Gegenstände der Erkenntnis Anwendung finden, und darum sind die cartesischen Regeln gerade nicht die eines Mathematiklehrbuchs, sondern die einer universellen Methode. Allerdings hat Descartes jene von ihm intendierte Verallgemeinerung nicht vorgenommen, sie blieb trotz aller Beispiele, Hinweise und allgemeiner Formulierungen nur Programm.

Werfen wir einen kurzen Blick auf einige der Regeln. Die erste Regel verlangt die Ausrichtung der Erkenntniskraft (*ingenium*) auf das Ziel, unerschütterliche und wahre Urteile hervorzubringen. In der Erläuterung wird gesagt,

16 R. VIII; AT X.392, S. 57.

dies solle gleichermaßen für alle Wissenschaften gelten, weil die »menschliche Weisheit« unabhängig von ihrem Gegenstand »stets ein und dieselbe bleibt«.[17] Das ist eine höchst ungewöhnliche Begründung für die Einheit der Wissenschaft, denn nicht die Sache – die Einheit des Kosmos oder die Einheit Gottes als letzte Ursache der Welt –, sondern das menschliche *ingenium* sichert die Einheit. Zwar ist diese Argumentation im Ramismus vorgeformt;[18] dennoch bleibt die Wende zum Erkenntnissubjekt bemerkenswert, sind wir doch meist geneigt, eine solche Wende erst Kant zuzubilligen.

Erkenntnis, die nicht täuscht, beruht für den Descartes der *Regulae* nur auf *Intuition* und *Deduktion*.[19] Dabei definiert Descartes folgendermaßen:

> Unter Intuition verstehe ich nicht das Vertrauen in die unbeständigen Sinne oder das trügerische Urteil einer schlecht zusammensetzenden Anschauung [*imaginatio*], sondern einen so einfachen und deutlichen Begriff des reinen und aufmerksamen Geistes, daß über das, was wir einsehen, schlichtweg kein Zweifel mehr übrigbleibt. Oder, was dasselbe ist: einen zweifelsfreien Begriff des reinen und aufmerksamen Geistes, der allein im Licht der Vernunft seine Wurzeln hat und deshalb sogar gewisser ist als die Deduktion selbst, weil er einfacher ist

17 R. I; AT X.360, S. 3.

18 Vgl. *Regulae*, hrsg. von Springmeyer [u.a.], Anm., S. 183, sowie Robinet, *Esprit cartésien*.

19 R. III; AT X.368, S. 17. Ich folge hier der Korrektur Springmeyers und Gäbes; zur *intuitio* vgl. Prechtl, *Descartes*, S. 59.

> als sie, die ihrerseits freilich vom Menschen auch nicht verkehrt durchgeführt werden kann […].[20]

Hiernach gibt es eine einzige Geisteskraft als letzte Quelle aller zuverlässigen Erkenntnis – die Intuition. Ganz beiläufig gibt Descartes in der Erläuterung der Regel ein Beispiel für diese Art zuverlässiger Erkenntnis, etwas, das später für ihn zentral werden soll, hier aber neben anderem eher unterläuft: Jeder, schreibt er, kann »intuitiv erkennen, daß er existiert, daß er denkt« (»unusquisque animo potest intueri, se existere, se cogitare«).[21]

Fragen wir uns nun, was die *Regulae* insgesamt vermitteln. Müssen wir, da Descartes sie nie vollendet hat, schließen, sie seien ein Irrweg gewesen? Dem widersprechen die Methodenregeln des *Discours de la Méthode*, die in zentralen Punkten dem nämlichen Anliegen folgen. Warum aber gibt Descartes dann das skizzierte Regelwerk auf? Die Antwort scheint dreifacher Art zu sein:

Erstens lassen sich die Wissenschaften faktisch nicht nach dem Prinzip der Auflösung von Gleichungen aufbauen, so dass die Differenzierung in 36 Regeln ihren Zweck nicht hätte erfüllen können.

Zweitens sieht Descartes, dass das Denken an einer anderen Stelle als ursprünglich gedacht seinen zweifelsfreien Fixpunkt findet, weshalb sich der Ausgangspunkt von der Mathematik zum Ich verschiebt.

Drittens glaubt Descartes – anders als in den *Regulae* – feststellen zu können, dass das menschliche Denken nicht

20 R. III; AT X.368, S. 17/19.
21 Ebd., S. 19.

nur bis zu denjenigen unvollkommen verstandenen Problemen gelangen kann, die sich in hypothetische Aussagen verwandeln lassen, sondern dass es ungleich weiter vorzustoßen vermag, nämlich bis hin zu Beweisen der Existenz Gottes.

Die skizzierte Ausweitung wird schon in den methodischen Regeln des *Discours* deutlich, die nun behandelt werden sollen. Zugleich gibt es eine klare Linie, die von den *Regulae* zum *Discours* und darüber hinaus durch das ganze Werk führt, denn zeitlebens wird die Gewissheit der Mathematik für Descartes das Musterbild begründeten Denkens sein.

3.2 Die methodischen Regeln des *Discours de la Méthode*

Der *Discours de la Méthode* ist eine merkwürdig anmutende Schrift: Eingebettet in die literarische Fiktion einer Autobiografie, führt Descartes den Leser über die methodischen Regeln, die aller Wissenschaft und aller begründeten Erkenntnis zugrunde liegen sollen, und über die Maximen einer vorläufigen Moral zu den neuen metaphysischen Einsichten, die er gewonnen hat. Überdies ist das Werk keineswegs als ein eigenständiger metaphysischer Essay gedacht, sondern als Einleitung zu jener neuen Wissenschaft, die Descartes im gleichen Band in zentralen Stücken vorstellt, nämlich die *Dioptrique*, die *Météores* und die *Géométrie*. Doch seien zunächst nur die schon erwähnten vier methodischen Regeln oder Vorschriften behandelt. Descartes formuliert sie folgendermaßen:

Die erste Vorschrift besagte, niemals irgendeine Sache als wahr zu akzeptieren, die ich nicht evidentermaßen [*évidemment*] als solche erkenne; dies bedeutet, sorgfältig Übereilung und Voreingenommenheit zu vermeiden und in meinen Urteilen nicht mehr zu umfassen als das, was sich so klar und so deutlich [*clairement et distinctement*] meinem Geist vorstellt, dass ich keine Möglichkeit hätte, daran zu zweifeln.

Die zweite besagte, jede der Schwierigkeiten, die ich untersuchen würde, in so viele Teile zu zerlegen, wie es möglich und wie es erforderlich ist, um sie leichter zu lösen.

Die dritte besagte, meine Gedanken mit Ordnung zu führen, indem ich mit den am einfachsten und am leichtesten zu erkennenden Dingen beginne, um nach und nach, gleichsam stufenweise, bis zu der Erkenntnis der am meisten zusammengesetzten aufzusteigen, und indem ich selbst dort Ordnung unterstelle, wo nicht natürlicherweise das eine dem anderen vorausgeht.

Und die letzte besagte, überall so vollständige Aufzählungen und so allgemeine Übersichten herzustellen, dass ich versichert wäre, nichts wegzulassen.[22]

Um über eine knappe Bezeichnung zu verfügen, sollen sie hier (1) die Regel der Evidenz, (2) die Regel der Analyse, (3) die Regel der methodischen Ordnung und (4) die Regel der vollständigen Synthese genannt werden.

Beginnen wir mit etwas scheinbar Äußerlichem. Die Regeln sind in eine Lebensgeschichte eingewoben. Solche

22 Disc. II; AT VI.18 f., S. 39/41.

scheinbar autobiografischen Elemente finden sich bei Descartes immer wieder, etwa in der Regel IV der *Regulae* oder in den *Principia*. Doch mehr noch, selbst innerhalb der Regeln des *Discours* wird die Ich-Form verwendet: »[...] dass *ich* keine Möglichkeit hätte, daran zu zweifeln«. Berichtet hier ein Individuum namens Descartes über seine subjektiven Maximen, seine persönlichen Einstellungen und Erfolge? Die autobiografischen Notizen könnten dies nahelegen, denn Descartes tut so, als stelle er dar, was er getan habe (was im Übrigen nicht immer zutrifft, denn weder ist sein Werk konsequent nach dem Muster der Regeln aufgebaut, noch entspricht seine Lebensgeschichte in seiner Selbstdarstellung insgesamt diesem Muster, noch auch stimmt die Autobiografie in allen Punkten mit den Daten und Fakten zusammen, die sich aus Descartes' Briefen entnehmen lassen). In der Sache aber formuliert Descartes mit der Regel der Evidenz ein Wahrheitskriterium; es kann sich bei den Regeln deshalb nicht um subjektive Maximen handeln, denn diese wären zu einer Wissens- und Wissenschaftsbegründung gänzlich untauglich. Das Ich, für das die Regeln gelten, ist kein singuläres Individuum, sondern *jedes* nach Erkenntnis strebende Ich. Wenn Descartes sich im *Discours* – anders als später in den *Meditationes* – solch einer erzählenden Darstellung bedient, so bietet dies neben dem Bezug auf die damals vielfach aufgegriffene literarische Form der *Essays* von Montaigne (1533–1592) zugleich den Vorzug eines scheinbar geringeren Verbindlichkeitsanspruchs, weil es dem Leser freigestellt bleibt, ob er den Text nur als einen Erlebnisbericht nimmt oder ob er dem Autor auch in methodischer Hinsicht beipflichten will. Vielleicht versuchte Descartes auch, der Gefahr vorzubeugen, von Theologen wegen der Radikalität seiner Thesen verfolgt zu werden.

Betrachten wir die Regeln im Einzelnen und kehren danach noch einmal zur eben angeschnittenen Problematik zurück.

3.2.1 Die Regel der Evidenz

Die Regel der Evidenz spricht mehrere Fragen zugleich an. Zunächst und an erster Stelle ist sie (a) ein Wahrheitskriterium, das sich auf Evidenz stützt. Dies wird (b) präzisiert durch die Forderung nach Klarheit und Deutlichkeit, der (c) Überstürzung und Vorurteile entgegenstehen, denen wir (d) dadurch zu begegnen haben, dass nur Zweifelsfreies als Erkenntnis zugelassen wird. Gehen wir diese Elemente durch:

(a) Evidenz und Wahrheit

Dass etwas *evident* als wahr erkannt sein muss, um tatsächlich wahr zu sein, bildet fraglos das letzte Fundament aller Wahrheitstheorien. Dies gilt auch für Descartes, der unter Evidenz das versteht, was sich dem Geist unmittelbar darbietet; dies war es, was in den *Regulae* als *intuitio* bezeichnet wurde. Die Intuition ist ein unmittelbar erkennender Zugriff, der nicht die sinnliche Anschauung bezeichnet, sondern etwas, das wesentlich durch die *ratio* bestimmt ist: »Intuition«, schreibt Gerhart Schmidt (1925–2017), »ist die optimale Gegebenheit des Gegenstandes für das Subjekt, verbunden mit der optimalen Erkenntnisfähigkeit und Erkenntnisbereitschaft des Subjektes.«[23] Die grundsätzliche Schwierigkeit des Evidenzbegriffs – mag es sich um sinnliche Evidenz oder um logische Evidenz als die beiden Extrempole handeln – besteht darin, dass man zwar nicht evident nachweisen kann, dass es keine Evidenz gibt, denn eine solche Argumentation wäre selbstwidersprüchlich; doch eine evidente Begründung von Evidenz kann es ebenso wenig geben, denn sie wäre zirkulär. Deshalb sucht Descartes zu präzisieren, was er unter Evidenz verstanden wissen will, und entwickelt ein Kriterium:

(b) Klarheit und Deutlichkeit als Wahrheitskriterium

Die erste Regel besagt, man dürfe etwas erst dann als wahr annehmen, wenn es sich dem Geist so klar und deutlich darbiete, dass man es nicht in Zweifel ziehen könne. Damit stellt sich die Frage, was denn das heißt: »klar und deutlich« (»clairement et distinctement«, »clare et distincte«; oft auch übersetzt: ›klar und distinkt‹). Wenn diese Bestimmungen den Charakter eines Kriteriums haben sollen – und genau *so* werden sie hier verstanden –, müssen sie präzisiert werden. Nun sagt Descartes nicht ausdrücklich, worauf sich diese Prädikate »klar« und »deutlich« beziehen; er spricht von dem, »was sich dem Geist darbietet«. Da aber von Wahrheit die Rede ist, die zu begründen sei, geht es offensichtlich um Erkenntnisse, also um als wahr nachzuweisende Aussagen (*propositio*), wie dies schon in den *Regulae* zu beobachten war; meist spricht Descartes jedoch von Ideen (*idea*) oder Urteilen (*iudicium*), gelegentlich auch von Per-

23 Schmidt, *Aufklärung*, S. 28, ähnlich S. 32.

zeptionen (*perceptio*) und Begriffen (*conceptus*). Ohne hier auf mögliche Differenzierungen weiter einzugehen,[24] muss doch kurz erläutert werden, wieso Begriffe unter ein Wahrheitskriterium sollen fallen können, denn uns ist diese Vorstellung fremd geworden. Dahinter steht, dass ein Begriff eigentlich für eine Definition steht – und die ist eine Aussage, welche nach traditionellem Verständnis wahr ist, wenn sie das Wesen erfasst, falsch hingegen, wenn sie widersprüchliche Bestimmungsstücke enthält. Dazwischen aber liegen Bestimmungen, die zwar nicht falsch, wohl aber dunkel oder verworren sind.

Die Präzisierung der Begriffe ›klar‹ und ›deutlich‹ findet sich später in einer Definition der *Principia*, die inhaltlich weiterhilft:

> Die Mehrzahl der Menschen erfaßt während des ganzen Lebens gar nichts hinreichend richtig, um ein sicheres Urteil über irgendetwas abzugeben. Denn für eine Erfassung [*perceptio*], auf die sich ein sicheres und unbezweifelbares Urteil stützen kann, ist nicht nur erforderlich, daß sie klar, sondern auch, daß sie deutlich sei. Klar [*clara*] nenne ich jene, die dem aufmerkenden Geiste gegenwärtig und zugänglich ist: Ebenso wie wir das von uns klar gesehen nennen, das, während es dem betrachtenden Auge gegenwärtig ist, es hinreichend kräftig und offenkundig erregt. Deutlich [*distincta*] hingegen nenne ich jene, die, weil sie klar ist, von allen so unterschieden und umrissen [*sejuncta et praecisa*] ist, daß sie

24 Vgl. aber hierzu Kemmerling, *Ideen*, S. 17 ff., und Glouberman, *Descartes*, S. 127 ff.

schlichtweg nichts anderes als das, was klar ist, in sich enthält. [...]
So ist, während jemand irgendeinen starken Schmerz empfindet, in ihm die Erfassung dieses Schmerzes überaus klar, aber nicht immer ist sie deutlich. Allenthalben vermischen nämlich die Menschen diese Erfassung mit ihrem dunklen [*obscurum*] Urteil über die Natur dessen, was den Schmerz auslöst, weil sie annehmen, im schmerzenden Körperteil befinde sich etwas der Empfindung der Schmerzen, die allein sie klar erfassen, Gleichendes. Und so kann eine Erfassung klar sein, die nicht deutlich ist; keineswegs jedoch kann irgendeine deutlich sein, wenn sie nicht klar ist.[25]

Nimmt man eine weitere Differenzierung Descartes' hinzu, ergeben sich folgende Stufen der Erfassung (*perceptio*), Beurteilung (*iudicium*) oder Erkenntnis (*cogitatio, cognitio*):

- dunkle Erkenntnis (*cognitio obscura*),
- verworrene Erkenntnis (*cognitio confusa*),
- klare Erkenntnis (*cognitio clara*),
- deutliche Erkenntnis (*cognitio distincta*);

Letztere wird in der ersten Regel des *Discours* auch als »evident«, in den *Regulae* als »intuitiv« bezeichnet.

Weiter können wir festhalten, dass es sich dann um eine klare Erkenntnis handelt, wenn wir sicher sind, dass der betreffende Inhalt vorliegt; deutlich ist sie darüber hinaus, wenn wir verschiedene Merkmale dessen anzugeben ver-

25 Princ. 1.45 f.; AT VIII–I.21 f., S. 51.

mögen, was wir klar erkennen. Leibniz hat dies später, ausdrücklich auf Descartes bezogen, ausführlich präzisiert; dies lässt sich etwa so zusammenfassen:

> Eine Erkenntnis ist entweder dunkel oder klar, die klare wiederum verworren oder deutlich. [...] Dunkel ist sie, wenn sie zum Wiedererkennen des Dargestellten nicht ausreicht. [...] Etwas ist klar erkannt, wenn wir es wiedererkennen können. [...] Deutlich ist ein Begriff, wenn wir [...] Merkmale der Sache angeben können, die sie von allen ähnlichen Dingen unterscheidet.[26]

Betrachten wir ein Beispiel: Zahlen werden, indem ich ihren Begriff erkenne, sicherlich deutlich erkannt, denn in dem Begriff ›drei‹ ist die Zusammensetzung aus drei Einheiten enthalten; zugleich ist wegen der Unterscheidbarkeit des Begriffs ›drei‹ von jedem anderen Zahlbegriff gewährleistet, dass der Begriff selbst wie auch der Begriff der Einheit klar ist. Nur klar und nicht zugleich deutlich sind hingegen solche Wahrnehmungen wie ein Schmerz, ein Ton, eine Farbe: Dass uns die betreffende *perceptio* gegeben ist, ist unstreitig gewiss, und insofern ist sie (ebenso wie der Begriff und wie die Erkenntnis des Vorliegens der *perceptio*) klar. Deutlich jedoch sind solche Erkenntnisse durchaus nicht, denn es fehlen klare Merkmale. Darüber hinaus ist nicht gesagt, ob der jeweiligen Wahrnehmung etwas Existierendes korrespondiert: Nur die Existenz der *perceptio* ist selbstgewiss. Deshalb reicht ein klarer Begriff

26 G. W. Leibniz, »Meditationes de cognitione, veritate et ideis«, in: *Akad.-Ausgabe*, R. VI.4, S. 587 f.

nicht aus für wahre Erkenntnisse, denn dazu müssten alle Zweifel ausgeschlossen sein.

Nun stellt sich natürlich die Frage, ob ein solches Kriterium überhaupt tragfähig ist: Wenn ich mir einen klaren und deutlichen Begriff eines Einhorns bilde, folgt daraus doch nicht dessen Existenz, sondern nur dessen (logische) Möglichkeit. Leibniz sieht deshalb zutreffend an dieser Stelle ein bloßes Möglichkeitskriterium. Will man dem entgehen, bleibt nur, das Kriterium als Ausdruck des Vorliegens »wesentlicher Eigenschaften« zu verstehen.[27]

(c) Überstürzung und Vorurteile

In der Regel der Evidenz werden wir aufgefordert, »alle Überstürzung und alle Vorurteile aufs sorgfältigste zu vermeiden«. Das ist nicht nur so dahingesagt, vielmehr verbergen sich hinter der Formulierung zwei für das Verständnis wichtige Thesen: Überstürzung und Vorurteile sind, so Descartes, die Quelle für alle Irrtümer. Jede Erkenntnistheorie muss auch angeben können, wie Irrtümer zustande kommen – zusammenstoßende Billardkugeln können nicht irren, sie setzen ihren Weg gemäß den Stoßgesetzen fort. Und ein mathematischer Beweis kann sich auch nicht irren, eine Zeile folgt folgerichtig aus der vorhergehenden; nur der Mensch kann irren (nicht das Denken irrt dabei, sondern ich, der ich zu denken meine, tatsächlich aber Überstürzung und Vorurteilen aufgesessen bin). Die erste Quelle der Irrtümer, so wird Descartes später in der Dritten der *Meditationes* sagen, ist ein überschießender, ein

27 Vgl. Beckermann, *Descartes*, S. 88.

voreiliger *Wille*, der Ursache der Überstürzung ist. Die zweite Quelle liegt hingegen in der ungeprüften Hinnahme der Meinungen von Autoritäten. Hier wie im folgenden Punkt kündigt sich darum der Beginn der Aufklärung an, jenes kantische »Wage zu denken!« Denn nur das eigene vorurteilsfreie und nicht überstürzte Denken sichert den Ausgang aus der Unmündigkeit.

(d) Evidenz und Zweifel

Das, woran ich »keine Veranlassung habe zu zweifeln«, könnte ein Kennzeichen für untrügliche Erkenntnis sein – doch Descartes entwickelt hieraus im *Discours* kein eigenständiges Kriterium, keine eigenständige Methode, wie das in den *Meditationes* geschehen wird; es bleibt bei der Bemerkung, die uns zurückverweist auf Klarheit und Deutlichkeit. So dient der Hinweis auf die Zweifelsfreiheit am Ende der Regel der Evidenz nur der Erläuterung dessen, was unter »évidemment« und unter »clairement et distinctement« im Gegensatz zu vorschnellen oder autoritätsgläubigen Aussagen zu verstehen ist.

So weit, so gut: Evidenz als Deutlichkeit – doch wo finden wir einen Fall, in dem jeder Zweifel aufgelöst ist? Bei allen Wahrnehmungsgegebenheiten spielen Vorurteile eine Rolle; wir haben ein Vorwissen, wir sind durch Erwartungen bestimmt oder könnten träumen.

Wesentlich besser steht es um die Mathematik: Kenne ich beispielsweise die Merkmale eines Dreiecks (genauer: in einer Euklidischen Geometrie), so besitze ich vom Dreieck nicht nur eine klare, sondern eine deutliche Erkenntnis. Diese bezieht sich zunächst nur auf den Begriff; doch wenn ein Begriff durch wesentliche Merkmale gekennzeichnet wird, so geht es um eine Aussage, die, da sie das Wesen des betreffenden Gegenstandes zum Ausdruck bringt, sicher und unbezweifelbar wahr ist.

Bleiben wir noch bei dem Beispiel des Dreiecks. Zu den Wesensmerkmalen würde wohl gehören, dass es drei Seiten und drei Ecken hat (dass also »Dreiseit« und »Dreieck« dasselbe bezeichnen) und dass seine Winkelsumme 180° beträgt. Diese Merkmale des Dreiecks enthalten wiederum Begriffe; damit sie zur Kennzeichnung herangezogen werden können, müssen sie aber ihrerseits klar sein. Es zeigt sich damit, dass das so einfach erscheinende Wahrheitskriterium einen festen definitorischen Zusammenhang unter den Begriffen voraussetzen muss: Wahrheitserkenntnis kann sich gar nicht auf Singuläres, Herausgelöstes beziehen, sondern verlangt mindestens ein Begriffsnetz. Dann aber, wenn dieses Begriffsgefüge offen vor uns liegt, haben wir es mit einer evidenten Erkenntnis zu tun, einer Erkenntnis, die ihren Wahrheitsgehalt in sich trägt. Es geht in der Regel der Evidenz also nicht darum, einen Begriff zu analysieren und schließlich zu definieren, damit man eine evidente, intuitive oder deutliche Erkenntnis hat; vielmehr besteht die Erkenntnis in der unmittelbaren, gleichzeitigen Sicht dieser Bestimmungsstücke, wie immer man zu ihnen gelangt sein mag.[28] Das ist der Grund, weshalb auch die göttliche Erkenntnis von Descartes als intuitiv bezeichnet wird. Dass es eine evidente, intuitive oder deutliche Erkenntnis als gewisse Erkenntnis überhaupt für den Menschen geben kann, ist innerhalb des cartesischen Ansatzes

28 Vgl. *Recherche de la Vérité*; AT X.524.

als Grundpostulat anzusehen.[29] Die erste Regel (und alles Streben nach sicherer Erkenntnis) ist nur sinnvoll, wenn dieses Grundpostulat akzeptiert wird.

3.2.2 *Die Regel der Analyse*

Die folgenden drei Regeln gehen als Einheit von Analyse und Synthese bis auf Aristoteles zurück. Im 3. Jahrhundert entwickelte Pappos (latinisiert Pappus) aus Alexandria – von Descartes in seiner *Géométrie* mehrfach herangezogen – eine solche Einheit von Analyse und Synthese als Vorgehen in der Mathematik und der Geometrie.

Im *Discours* wird nun über das zu den *Regulae* Gesagte hinausgehend ein weiteres Element bedeutungsvoll, das Denken *more geometrico* (d. h. in der Art der Geometrie), also das begründende axiomatische Denken mit seiner Ableitungsordnung. Es hatte seinen ersten und über Jahrhunderte bestimmenden Ausdruck in Euklids *Elementen* gefunden, einer Axiomatik oder Regellehre der Geometrie, in der ein ganzer Wissensbereich eine geschlossene Darstellung dadurch gefunden hatte, dass ausgehend von Definitionen, Postulaten (die wir heute als Axiome bezeichnen) und Axiomen (die man heute als logische Axiome sieht) jeder Satz der Geometrie als Ableitung hieraus eingeordnet werden konnte. Dieser Weg, von Descartes auf Bitten Mersennes im Anhang zu den zweiten Erwiderungen auf die *Meditationes* beschritten, wird – nicht zuletzt unter dem Einfluss der Cartesianer – zum großen Vorbild des Rationalismus: *more geometrico* vorzugehen wird zum wissen-

29 Vgl. Röd, *Descartes*, 1. Aufl., S. 51 f.; 3. Aufl., S. 46.

schaftlichen Verfahren schlechthin: *methodo scientifica pertractatum* bedeutet bis zum Ende des 18. Jahrhunderts dasselbe wie *more geometrico*, also ein axiomatisch-deduktives Vorgehen, das aus unumstößlichen Grundsätzen ableitet.[30] Die drei Regeln, um die es im Folgenden gehen wird, sollen den methodischen Weg zu einer solchen Darstellung jedes Einzelnen oder alles Wissbaren liefern.

Die »Zerlegung von Schwierigkeiten in Teile«, von der die Regel der Analyse spricht, ist eine Analyse von Begriffen und Aussagen als erster Schritt zur Erkenntnisgewinnung, wenn keine unmittelbare Evidenz vorliegt. Methodisch bedeutet dies nichts Neues; Platons Dihairesen des *Sophistes* sind solche Zerlegungen von Begriffen; und die ersten beiden Teile von Aristoteles' Logik, vom *Organon*, heißen in der lateinischen Tradition nicht zufällig *Analytica*: Dort bereits wird die Analyse als Methode bezeichnet; und von dort lässt sich ihr Weg mühelos über die Scholastik weit in die Neuzeit hinein verfolgen, beispielsweise zu Hobbes. Neu also ist die Methode nicht; neu ist jedoch – wie im Zusammenhang der *Regulae* erwähnt – ihr Verständnis als Einheitsmethode und damit die Übertragung auf *alles* Wissen.

30 Vgl. H. Schilling, *Die Geschichte der axiomatischen Methode im 16. und beginnenden 17. Jahrhundert*, Hildesheim / New York 1969, sowie H. W. Arndt, *Methodo scientifica pertractatum. Mos geometricus und Kalkülbegriff in der philosophischen Theorienbildung des 17. und 18. Jahrhunderts*, Berlin / New York 1971, und H. J. Engfer, *Philosophie als Analysis. Studien zur Entwicklung philosophischer Analysiskonzeptionen unter dem Einfluß mathematischer Methodenmodelle im 17. und frühen 18. Jahrhundert*, Stuttgart 1982.

Die Regel der Analyse setzt voraus, dass man noch nicht zu einer deutlichen Erkenntnis gelangt ist; denn sonst wäre die Auflösung schon vollzogen. Sie weist uns vielmehr an, ein noch nicht deutlich Erkanntes weiter zu zergliedern. Dahinter steht die Überzeugung, dass es sich bei einem solchen Vorgehen nicht um die Gewinnung von allgemeinen Abstrakta handelt, sondern um die Freilegung einer Beziehungsstruktur, die zwischen den Erkenntnisinhalten besteht. Diese Beziehungen sind logischer Art, nämlich Inklusionen oder Implikationen, also das Enthaltensein in einem Begriff oder die logische Folgerung einer Aussage. Indem sie freigelegt werden, wird eine bloß klare Erkenntnis zu einer Erkenntnis der Gründe (*rationes*) und damit zu einer verlässlichen Erkenntnis.

So, wie die Regel der Evidenz auf einem Postulat, dem Gewissheitspostulat, aufbaut, setzt auch diese Regel ein Postulat voraus, das Descartes ebenso wenig thematisiert wie im ersten Fall. Nennen wir es das *Postulat der Gründe*. Damit eine Erkenntnis durch Analyse möglich ist, muss eine Verknüpfung der Sachverhalte durch *rationes*, durch Gründe, vorausgesetzt werden. Dieses Postulat lässt sich seinerseits nicht weiter begründen (es sei denn, man folgert es, wie Leibniz dies bei seinem *Prinzip des zureichenden* Grundes tut, aus dem Wesen Gottes); nachträglich ist es gerechtfertigt, wenn wir von irgendeiner Aussage nachweisen können, dass sie eine Erkenntnis ist. Hinter der Regel verbirgt sich also ein weiteres – Kant würde sagen: dogmatisches – Grundpostulat des Rationalismus überhaupt.

3.2.3 *Die Regel der methodischen Ordnung*

Das Verfahren der Synthese, das in der Regel der methodischen Ordnung beschrieben wird, ist uns von der schon erwähnten *Scientia propter quid* vertraut: Im Anschluss an die Analyse werden die gefundenen und als wahr erkannten Aussagen wieder miteinander verknüpft, um so das Analysierte als begründet Erkanntes zu erweisen.

Wichtig aber ist folgende Bemerkung, die mit dem korrespondiert, was eben als Voraussetzung eines zu analysierenden Zusammenhangs herausgearbeitet wurde. Descartes postuliert in dieser Regel: »Ich setzte eine Ordnung selbst unter den Gegenständen voraus, die nicht in natürlicher Weise aufeinander folgen.« Was für eine Ordnung ist hier gemeint? Zunächst könnte man bei der natürlichen Ordnung beispielsweise an eine kausale Abfolge denken; aber dies ergibt keinen Sinn: Nirgendwo ist von solchen Abfolgen in der fraglichen Passage die Rede, ebenso wenig davor noch dahinter. Von Abfolgen wird nur bezüglich der Erkenntnis gesprochen; und genau so ist es hier zu verstehen: Die gesuchte Ordnung ist jene, in der ich Erkenntnis begründe. Descartes verdeutlicht dies im *Discours* im Anschluss an die vierte Regel:

> Jene langen Ketten ganz einfacher und leicht verständlicher Gründe, deren sich die Geometer zu bedienen pflegen, um ihre schwierigsten Beweise zustande zu bringen, hatten in mir die Vorstellung geweckt, dass alle Dinge, die Gegenstand menschlicher Erkenntnis sein können, in der gleichen Weise aufeinander folgen, und dass es – vorausgesetzt man sieht davon ab, etwas als

> wahr zu akzeptieren, was es nicht ist, und man behält immer die Ordnung bei, die notwendig ist, um das eine aus dem anderen abzuleiten – nichts so Fernliegendes geben kann, zu dem man nicht doch schließlich gelangte, und nichts so Verstecktes, dass man es nicht doch entdeckte. Und ich befand mich nicht in großer Verlegenheit, um herauszufinden, womit anzufangen sei, denn ich wusste bereits, mit den einfachsten und am leichtesten zu erkennenden Dingen [...].[31]

Diese Vorstellung bleibt auch später leitend, denn in einem Brief an Mersenne schreibt Descartes im Zusammenhang mit den *Meditationes*:

> Und es ist bei allem, was ich schreibe, zu beachten, dass ich nicht der Ordnung der Gegenstände folge, sondern allein der der Vernunftgründe: Das heißt, dass ich es nicht unternehme, an einer Stelle alles zu sagen, was zu einem Gegenstand gehört, weil es mir unmöglich sein würde, es richtig zu beweisen, da es Gründe gibt, die von sehr viel weiter hergeholt werden müssen als andere. Indem ich aber in der Ordnung vom Leichteren zum Schwierigeren nachdenke, leite ich daraus ab, was ich bald für den einen Gegenstand, bald für den anderen vermag. Das ist nach meiner Meinung der wahre Weg, um die Wahrheit richtig zu finden und zu erklären.[32]

31 Disc. II; AT VI.19, S. 41.
32 Brief an Mersenne, 24. Dezember 1640; AT III.266, Briefe 223 f.

Damit wird deutlich, dass die fragliche Ordnung die eines deduktiven Zusammenhangs ist, beginnend bei den »am leichtesten zu erkennenden Gegenständen« und aufsteigend zum Komplexeren, gerade wie dies die axiomatische Darstellung der Geometrie vorführt; von einer »Kette« spricht Descartes bereits in den *Regulae*. Bei ihr sind traditionell die Axiome dasjenige, was leicht einzusehen, ja evident ist, während etwa der Satz des Pythagoras aus Einfacherem bewiesen, also abgeleitet werden muss. Das begrifflich Einfache (im Sinne von Unzusammengesetztem) ist dabei auch das erkenntnismäßig Einfache. Dies ist – und wir müssen wieder etwas Descartes-Kritik einschieben – alles andere als selbstverständlich. Für die Geometrie Euklids, deren Grundaussagen auf räumliche Anschauung zurückgreifen, mag eine solche Betrachtung zutreffen; ob man aber für jedwedes Axiomensystem einen solchen Begriff von Einfachheit wird voraussetzen können, ist mehr als fraglich. Im Verständnis heutiger Mathematik jedenfalls wird für Axiome weder Einsichtigkeit noch Wahrheit angenommen; gefragt wird nur nach den Folgerungsbeziehungen und nach der Struktur, die durch die Axiome aufgespannt wird.

Descartes allerdings würde sich folgendermaßen verteidigen: Die Analyse zeigt uns gerade, dass sich etwas als komplex erweist, was wir für überschaubar und einsehbar gehalten haben. Um aber Komplexes denken zu können, muss es in unserem Denken Einfaches geben, es muss also gewissermaßen »Atome unseres Denkens« geben, ein Terminus, dessen sich in den 1920er Jahren Bertrand Russell (1872–1970) und der logische Atomismus bedienten. Da dieses Einfache nicht weiter auflösbar ist, kann es nur eine solche Form von Klarheit besitzen, die *zugleich* evident ist;

es wird dergestalt als deutlich erkannt, dass man erkennt, es sei unauflöslich.

Selbst wenn wir diese vermutete Verteidigung Descartes' gelten lassen, wird sichtbar, dass auch hier eine Voraussetzung zugrunde liegt, nämlich ein Postulat (i) der Existenz von Einfachem, mehr noch: (ii) von Einfachem, das in seiner Einfachheit klar und deutlich erkannt wird und das (iii) in der Zerlegung eindeutig erreicht wird. Auch diese Verschärfung ist nicht selbstverständlich; zwar lassen sich natürliche Zahlen eindeutig in Primfaktoren zerlegen ($15 = 3 \cdot 5$; 15 ist also ein Produkt aus den Primzahlen 3 und 5, die als Primzahlen jeweils nur durch sich selbst und 1 teilbar sind), und zwar unabhängig davon, mit welchem Primfaktor man die Zerlegung beginnt. Doch wieso soll dies für Begriffe oder gar Aussagen generell gelten? Die Erkennbarkeit ebenso wie die Eindeutigkeit der Zerlegung muss also vorausgesetzt werden.

Was Descartes hinsichtlich der Ordnung betont, ist uns heute vertraut: Wir untersuchen einen Gegenstand nicht, wie die scholastische Methodenlehre oder das klassische arabische Denken dies verlangte, durch immer neue Fragen unter allen denkbaren Aspekten, sondern wir ordnen ihn in unterschiedliche systematische Zusammenhänge ein, die wir stattdessen zum Untersuchungsgegenstand machen. Wir behandeln unsere Katze nicht in nur einer Wissenschaft von allen Seiten, sondern eine Untersuchung gilt der physikalischen Masse, eine andere dem biochemischen Prozess, eine dritte der Klassifikation der Lebewesen der Spezies Säugetier; oder genauer: an die Stelle des individuellen Gegenstandes treten disziplinspezifisch geordnete systematische Zusammenhänge. Die Gedankenordnung oder *l'ordre de raison* ist also im Gegensatz zu *l'ordre de matière*, der Ordnung der Gegenstände, ein Grund-Folge-Verhältnis im Sinne einer deduktiven Abfolge.

Die Tatsache, dass Descartes bei dieser Forderung seiner Methodenlehre nicht nur von Mersenne, sondern auch von Caterus und Hobbes in den *Einwänden* zu den *Meditationes* angegriffen wird, mag zeigen, wie wenig selbstverständlich Descartes' Regel in diesem Punkte ist. Wir müssen deshalb noch einen Augenblick bei ihr verweilen. Was Descartes in der dritten Regel voraussetzt,[33] ist Folgendes:

1. Die Gegenstände der wissenschaftlichen Erkenntnis stehen in einem Grund-Folge-Verhältnis: A folgt deduktiv aus B.
2. Damit kann A *aufgrund* von B erkannt werden.
3. *Alle* Gegenstände haben einen Platz in irgendeiner solchen Ableitungskette.

Diese Ordnung der Gründe ist aber eine aufzufindende Ordnung, eine Struktur, die die Gegenstände nicht zwingend von sich aus haben, sondern die im Erkennen konstituiert wird. Ohne die Annahme einer solchen Ordnung wäre begründete und gerichtete, d. h. deutliche Erkenntnis gar nicht möglich. Das bedeutet zugleich, dass der Verstand, der erkennt, dies vermöge bestimmter allgemeiner Formen vermag, nämlich vermöge der ›einfachen Dinge‹ (*res simplex*).

Was allerdings eine *res simplex* ist, ist in der Literatur sehr umstritten: ein Ding, ein Begriff? Gemeint ist nach

33 Hier folge ich Mahnke, *Aufbau*, S. 45, auch wenn dessen Deutung nicht von allen Descartes-Interpreten geteilt wird.

Mahnke, dass in jeder Erfahrung Denk*formen* und empirische *Inhalte* zusammenkommen: Die reine Herauslösung der Denkformen aber sei die Aufgabe der Metaphysik zur Fundierung der Erfahrungserkenntnis. Dann aber, wenn dies geschehen ist, repräsentiert die auf ihnen fußende Ordnung der Gründe eine notwendige Folge. Dies bedingt, dass die Ordnung der Gründe doch wiederum in gewisser Hinsicht eine Seinsordnung darstellt, denn ohne *fundamentum in re* bzw. einen Grund im Gegenstand wäre die Ordnung der Gründe nicht zu etablieren. Dennoch ist sie als Ordnung der Erkenntnissicherung durch die Methode erzeugt: Die Methode ist also ein nicht ablösbarer Teil der Erkenntnis.

3.2.4 *Die Regel der vollständigen Synthese*

Die letzte Regel ergänzt die beiden vorangehenden durch die Forderung einer Vollständigkeit aller Analysen und Synthesen. Damit ist nicht nur eine lückenlose Rekonstruktion der analytischen Kette in der Synthese gemeint, sondern Vollständigkeit auch im Hinblick auf alles Analysierbare, also alles Gegebene überhaupt; denn erst dann kann die Deutlichkeit der Erkenntnis letztlich gewährleistet sein.

Descartes betont dies in den Erwiderungen auf die zweiten Einwände der *Meditationes* ausdrücklich, zugleich aber weist er darauf hin, dass Vollständigkeit in Fragen der Metaphysik deshalb außerordentlich schwierig zu erlangen sei, weil man so schwer zu den ersten Begriffen gelangen könne. Darum habe er sein Buch auch »Meditationes« und nicht »Disputationes«, also Abhandlungen, genannt, da er sich ausschließlich der Analyse als Methode bediene.

Tatsächlich wird erst Spinoza der cartesischen Philosophie eine axiomatische Darstellung geben – *Renati des Cartes principiorum philosophiae more geometrico demonstratae* (1663). So hat die vierte Regel für Descartes nur die Funktion, darauf hinzuweisen, dass die ersten drei Regeln nicht ausreichen, die gesuchte Gewissheit methodisch abzusichern. Dass Descartes selbst nicht mehr zum vollständigen synthetischen Aufbau gelangt, spricht eigentlich nur für ihn, weil er deutlich genug sah, dass die Analyse noch nicht in allen Bereichen weit genug vorangetrieben war, um sie schon zur Synthese umwenden zu können. Letztlich allerdings ist das Ziel des Rationalismus, die völlige vernunftgemäße Erfassung der Welt, erst mit dieser vierten Regel abgeschlossen. Auch das lässt sich wieder als Postulat sehen: Hinter der Regel steht die Auffassung von der vollständigen Vernünftigkeit und der vernünftigen Erfassbarkeit der Welt.

Betrachten wir rückblickend noch einmal die Regeln insgesamt: mit Hilfe einer Verallgemeinerung der axiomatischen Methode soll die Erkenntnis durch Grund-Folge-Beziehungen auf eine Weise abgesichert werden, die Autoritäten tatsächlich überflüssig macht, denn alles, was als Erkenntnis zugelassen wird, muss entweder evident sein oder aus evidenten Grundaussagen folgen.

Die Schwierigkeit ist nur, dass uns die Methode allein keine einzige dieser Aussagen direkt liefert; und nach dem, was wir über die letzte Regel gehört haben, ist die Gewissheit eigentlich erst nach dem Durchgang aller methodischen Schritte bis hin zur vollständigen Synthese alles Wissbaren sichergestellt. Descartes steht also vor der Frage, wie man zu solchen Grundaussagen gelangt.

4 Der Aufbau der Erkenntnis

4.1 Der methodische Zweifel

Nichts solle für wahr gehalten werden, was nicht so klar und deutlich sei, dass es noch in Zweifel gezogen werden könne, hatte es in der ersten, der Regel der Evidenz des *Discours* geheißen. Etwas später, im vierten Teil, bezeichnet Descartes dies gar als »allgemeine Regel«[1].

Wie die Erkenntnissicherung methodisch anzugehen ist, haben wir gesehen; aber welche Inhalte nun die Grundlagen eines Neuaufbaus bilden, ist damit nicht gesagt: Es bleibe, meint Descartes, nur die Schwierigkeit, festzustellen, »welche Dinge diejenigen sind, die wir deutlich begreifen«[2].

Um sie aufzusuchen, verschärft er in den *Meditationes* den in der Regel der Evidenz mehr beiläufig erwähnten Zweifel und baut ihn zu einem *methodischen Zweifel* aus, mit dem Ziel, so diejenigen Inhalte auffinden zu können, die jedem Zweifel standhalten. Dies ist das Programm der *Meditationes*, denn eine Begründung der Erkenntnis vermag nur dann zu gelingen, wenn der Zweifel nicht ins Bodenlose getrieben werden kann.

Der Zweifel hat eine lange Vorgeschichte, die bei Pyrrhon von Elis (um 362 – um 275 v. Chr.) und den Skeptikern der Platonischen Akademie als die Zurückweisung jeder Möglichkeit gesicherter Erkenntnis beginnt. Ein gänzlich

1 Disc. IV; AT VI.33, S. 65.
2 Ebd., S. 67.

anderes, neues und neuzeitliches Ziel verfolgt dagegen Descartes mit dem *methodischen Zweifel* – nämlich die systematische Grundlegung aller Erkenntnis. Nun muss auch der Zweifel irgendwo ansetzen, doch unmöglich lassen sich Einzelbereiche, Einzelhypothesen, Einzelaussagen gewissermaßen Stück für Stück auf ihre Zweifelsresistenz überprüfen. Der methodische Zweifel muss vielmehr so angelegt werden, dass er alles erfasst und insofern universell und radikal ist. Er muss methodisch sein, insofern er entsprechend der Regel der Analyse das, was überhaupt Kandidat für eine Erkenntnis sein könnte, in prüfbare Teile zerlegt und dabei zugleich sicherstellt, dass hierbei nichts verloren geht. Das Ziel allerdings ist gerade nicht ein Agnostizismus, ein Eingeständnis völliger Unfähigkeit zur Erkenntnisgewinnung; es besteht ganz im Gegenteil darin, den harten, evidenten, unzweifelhaften Grund zu finden, auf dem sich hernach das Gebäude der sicheren Erkenntnis ein für alle Mal und unanfechtbar wird errichten lassen.

Im ersten Schritt der Analyse des zu Prüfenden wendet sich Descartes entsprechend seiner These von der Ordnung, die zu verfolgen sei, demjenigen zu, was uns am nächsten liegt, nämlich all jenen Aussagen, die sich auf sinnliche Wahrnehmungen berufen. Ist denn nichts gewisser, als dass ich hier sitze und lese? Dass ich meinen Körper sehe und empfinde? Müsste ich nicht in eine Nervenheilanstalt gehören, wenn ich daran zweifelte? Doch Descartes fordert auf, genau daran zu zweifeln! Um dies recht zu verstehen und nicht für widersinnig zu halten, müssen wir den Zweifel im Lichte des angestrebten Ziels, der absoluten Gewissheit als dem Fixpunkt unserer Erkenntnis sehen: Ist denn keine Spur des Zweifels an einer Wahrnehmung? Hier aber wird man eingestehen müssen, dass dann eine einzelne Sinneswahrnehmung, die Wahrheitsgehalt beansprucht, vom Traum unterscheidbar sein müsste. Das gängige Kriterium, Träume seien schwache Abbilder der Wirklichkeit und deshalb sofort als solche erkennbar, kann nur jemand vertreten, der noch nie einen Albtraum gehabt hat (und zu solch beneidenswerten Menschen gehörten offenbar die Empiristen). Jenes ebenfalls gängige Unterscheidungskriterium, das sich auf die mangelnde Ordnung der Träume stützt, geht hingegen von etwas aus, das gar nicht wahrnehmbar ist, nämlich von der Ordnung in den Ereignisabfolgen; hier kommt also längst schon das ordnende Denken ins Spiel. Und wenn ich bei einer Wanderung einen Gegenstand aus der Ferne als einen Menschen ausgemacht habe, um beim Näherkommen zu erkennen, dass es ein Wacholderbusch ist, so zeigt dies, wie mich die Wahrnehmung täuschen kann, ganz zu schweigen von jenem seit der Antike geläufigen Beispiel vom Ruder, das, schräg ins Wasser ragend, gebrochen aussieht und sich ungebrochen anfühlt.

Was Descartes hier zeigen möchte, ist nicht, dass alle Sinneswahrnehmungen falsch sind, sondern dass sie zur Begründung der Erkenntnis nicht geeignet sind, weil ein Irrtum *möglich* ist. Gesucht ist aber eine Instanz, bei der gerade dies nicht der Fall sein kann. Damit scheiden alle auf Wahrnehmung allein gegründeten Kandidaten für die Erkenntnisbegründung aus.

Rückblickend lassen sich nun einige Voraussetzungen ablesen, die Descartes macht oder machen muss. Seine Frage nach der Unbezweifelbarkeit von Sinneswahrnehmungen betrifft nicht das Faktum, dass ich solche habe – dies wird, wie sich später herausstellt, sogar vorausgesetzt; sie bezieht sich vielmehr darauf, ob mir meine Sinne eine unzweifelhafte Erkenntnis von den Dingen vermitteln.

Hierin liegt wiederum eine Voraussetzung verborgen, die konstitutiv für Descartes' ganzes Denken ist: die Realdistinktion, das tatsächliche Geschiedensein von Dingen und ihren Wahrnehmungen – oder allgemein: von Körper und Geist. Erst wenn man diese Unterscheidung macht, entsteht das Problem, wie es überhaupt gelingen kann, vom nicht ausgedehnten Denken zu gedankenunabhängigen raumzeitlichen Dingen eine Brücke zu schlagen. Damit ist zugleich zu klären, ob und worin dasjenige besteht, dem die Sinneswahrnehmungen korrespondieren.

Nun stellt Descartes diese Frage zu einem Zeitpunkt, wo er Stücke der gesuchten neuen mathematisierten Wissenschaften längst entwickelt hat; es geht hier also letztlich um eine erkenntnistheoretische Deutung und Untermauerung des schon Geleisteten: In diesem Sinne bildete der *Discours* eine Einleitung zu jenen Musterstücken der Methodenanwendung. Jetzt aber geht es darum, die Methode auf die neu entstandene Erkenntnisproblematik anzuwenden. Dies so zu formulieren, könnte gerade angesichts der Ich-Form zentraler Aussagen des *Discours* auch den Zweifel subjektivieren: Wieso ist ein Zweifel nicht *nur mein* Zweifel, der eines individuellen Subjekts, und wieso ergibt sich, wenn er für mich zur Ruhe kommt, ein objektiver Fixpunkt der Erkenntnis schlechthin? Oder in Martial Gueroults (1891–1976) Worten: Warum sind meine klaren und deutlichen Ideen, die ich im Namen meiner Vernunft erkenne, Ausdruck einer universellen objektiven Vernunft – und nicht Ausdruck der inneren Notwendigkeit meiner Subjektivität und Individualität?[3]

Tatsächlich gibt es einen solchen radikalen Rückzug in die Subjektivität bei Descartes nicht, er sollte dem Existenzialismus vorbehalten bleiben; selbst Leibniz ordnet den Individuen die großen Erkenntnisprinzipien vor, das Prinzip des Widerspruchs und das des zureichenden Grundes, die für Gott und Menschen gleichermaßen verbindlich sind. Descartes allerdings entbindet Gott von allen Prinzipien, denn Gott setzt sie selbst; doch der Gedanke, Gott könnte für jedes Individuum andere Prinzipien gesetzt haben, liegt außerhalb des Umkreises dessen, was von Descartes skeptisch befragt werden soll.

Auch dies legt eine Voraussetzung frei, die in der *Möglichkeit* des Zweifels mitgedacht ist: Es geht nicht um meinen faktischen Zweifel hier und da, sondern um die *Bezweifelbarkeit* schlechthin, und das kann nur heißen, um die Fähigkeit zum Zweifel für vernünftige Wesen. Allein deshalb kann, wenn etwas Unbezweifelbares auftaucht, etwas, bei dem jede Zweifels*möglichkeit* ausgeschlossen ist, dies nicht nur als wahr, sondern auch als *notwendig wahr* behauptet werden! Umgekehrt bedeutet dies, dass die *ratio*, das *lumen naturale*, die *intuitio*, das *clare et distincte cogitabile*, denen diese Notwendigkeit entspringt, auf ein und dieselbe Vernunft bezogen sind, oder anders ausgedrückt: dass die Vernunft in allen Individuen ein und dieselbe ist (unbeschadet der individuellen Unterschiede, sich ihrer zu bedienen). Genau hieraus erwächst die besondere

3 Gueroult, *Descartes*, I.32.

Form der Notwendigkeit, die mit der durchgeführten Analyse des Bezweifelbaren verbunden ist.

Im nächsten Schritt wendet sich Descartes Aussagen zu, die von aller Wahrnehmung unabhängig sind, nämlich den Aussagen der Mathematik und deren Erkenntnisanspruch. Ich mag wachen oder schlafen – stets ist drei plus zwei gleich fünf, und hat ein Quadrat vier Seiten. Doch auch hier sind Zweifel möglich, denn warum soll dies wirklich und immer so sein? Könnte es nicht angehen, dass es einen *Genius malignus*[4], einen Täuschergott gibt, der mir hier Evidenz vorgaukelt, ohne dass es sich wirklich so verhält?

Nun erscheint das Argument von einem Täuschergott etwas an den Haaren herbeigezogen; doch man kann ihm auf folgende Weise Sinn geben: Die Frage, ob ein böser Geist mich hinsichtlich der Mathematik täuschen kann, ist so abwegig nicht – auch wenn es solche Zweifel in keinem früheren Werk Descartes' gibt, weil dort ganz im Gegenteil die mathematische Erkenntnis als Musterbild klarer und deutlicher Erkenntnis erscheint. Täuschen *können* ist ein modaltheoretisches Problem, und es erwächst aus der Frage nach der *Möglichkeit* des Zweifels. Wo sind dessen grundsätzliche Grenzen? Es geht hier nicht darum, dass ich mich gelegentlich verrechne und einen Beweis glaube gefunden zu haben, wo tatsächlich ein Fehlschluss vorliegt; es geht viel fundamentaler um die Bezweifelbarkeit und Unbezweifelbarkeit der Mathematik selbst. Ist nicht 2 + 2 notwendigerweise 4, ist nicht die Negation der Aussage »2 + 2 = 4« ein Widerspruch, also die Aussage selbst notwendigerweise wahr? So wird Leibniz argumentieren, der

4 Med. I; AT VI.22, S. 66.

durchaus bereit ist, an allem zu zweifeln – nur nicht an Identitäten: Sie stellen darum für ihn das letzte Fundament der Rationalität dar.

Doch Descartes' Sicht ist grundsätzlich anderer Art. Das könnte mit dem Hinweis der *Regulae* beginnen, dass eine methodische Deduktion immer etwas ganz Unmathematisches voraussetzt, nämlich Gedächtnis; denn ich muss mich an die früheren Beweiszeilen erinnern, um deren Abfolge insgesamt als einen Beweis behaupten zu können.

Doch nicht einmal dies ist der cartesische Weg, er ist im Zweifeln viel radikaler: Descartes stellt erstens das Kriterium der klaren und deutlichen Erkenntnis als Wahrheitskriterium selbst in Frage. Doch er geht zweitens auch darüber hinaus, wenn selbst die Grundaussagen bezweifelt werden. Wie aber kann ich daran zweifeln, dass sich zu je zwei verschiedenen Punkten genau eine Verbindungsgerade ziehen lässt? Dieses erste Euklidische Postulat-Axiom galt in der ganzen Tradition geradezu als Musterbeispiel der Evidenz für den Sachkundigen!

Doch eben dies bildet auch den Angriffspunkt. Wie, wenn wir nur *wähnen*, sachkundig zu sein? Fast wäre man geneigt, Descartes in seinem Zweifel zum Vorläufer der Entdecker nichteuklidischer Geometrien zu erheben, die ja zeigen, wie berechtigt seine Skrupel waren; denn kein Mathematiker würde axiomatischen Grundaussagen heute eine Fundierung auf Evidenz zusprechen wollen.

Aber wiederum wäre nicht getroffen, was Descartes erlaubt, am Sachverstand der Geometer zu zweifeln. Nein, die Wurzel liegt noch tiefer; denn woher stammt dieser Sachverstand? Die Vernunft, so sieht es Descartes, ist hier am Ende, sie kann sich nicht selbst vernünftig begründen.

Also stammt der Sachverstand entweder von mir; dann könnte er eine (wenn auch kollektive) Täuschung sein. Oder er stammt von Gott; *dann* aber könnte ein Gott vergleichbarer böser Geist die Ursache unserer Evidenz sein.

Dahinter steht allerdings wiederum eine Voraussetzung, die ganz ungewöhnlich ist; denn Descartes denkt Gott so omnipotent, dass er in seiner freien Willkür nicht nur die Welt so geschaffen hat, wie sie ist, sondern ebenso die Logik und die Mathematik: Logische und mathematische Aussagen, die wir Menschen formulieren, bilden also auf wahre oder falsche Weise das von Gott geschaffene logisch-mathematische Reich ab, gerade so, wie unsere Aussagen über die raumzeitliche Welt eben diese – wahr oder falsch – wiederzugeben trachten.[5] Wie es einen unüberwindlichen Zweifel am Abbildverhältnis bei den Wahrnehmungen geben kann, ist entsprechend auch ein Zweifel am Abbildverhältnis bei den logisch-mathematischen Inhalten möglich.

Eben dies wird durch die Möglichkeit, also die Denkbarkeit eines Täuschergottes behauptet. Oder modaltheoretisch formuliert: Widerspruchsfreiheit ist nicht die letzte und äußerste Bedingung der Möglichkeit, denn selbst diese Bedingung lässt sich aufheben, also auch bezweifeln (es lässt sich also die Notwendigkeit und absolute Wahrheit einer Identität bezweifeln), wenn sie selbst als Setzung Gottes verstanden wird. Gottes Möglichkeit, Gottes uneingeschränkte Allmacht (was ja nichts anderes besagt als Wirkmöglichkeit) reicht weiter als jede menschliche Denkbarkeit.

5 Gueroult, *Descartes*, I.43, Anm. 27.

Die Ausweitung der Möglichkeit um einer uneingeschränkten göttlichen Allmacht willen hat Konsequenzen, derentwegen kein Philosoph sonst so weit gegangen ist wie Descartes. Denn während die willkürliche Festlegung von Vernunft auf der einen Seite und von geschaffener Welt auf der anderen Seite noch hinnehmbar sein mag, solange beide zusammenpassen, führt eine willkürliche Festlegung des moralisch Guten zu der Konsequenz, dass etwa Judas, der Jesus verriet, allein aufgrund solcher göttlichen Willkür ein Sünder ist und aus keinem anderen Grund. Descartes kann dem nur entgehen, indem er die Güte Gottes zum Wesen Gottes zählt, und genau hierauf wird sich auch die Abwehr des Täuschergottes gründen; doch dies bestärkte Leibniz darin, nicht nur die Güte, sondern auch die Vernunft und damit Logik und Mathematik als zum Wesen Gottes gehörig anzusehen, um den angedeuteten Schwierigkeiten zu entgehen – aus einer cartesischen Sicht allerdings um den Preis einer Beschränkung der Allmacht Gottes. Immerhin erlaubt die von Descartes eingegangene Voraussetzung über die Güte Gottes jene Engführung von Vernunft und Moral, die sich in der Forderung des *Discours* nach einer vernünftigen Ethik niederschlägt.

Mit der konstruierten Möglichkeit, auch die Vernunft zu bezweifeln, hat der Zweifel eine Radikalität erreicht, die unüberbietbar ist: Er ist zu einem Zweifel an allen Aussagen gleich über welche Gegenstände geworden.

Ganz davon abgesehen, dass eine absolute Begründung der Mathematik sich heute als unmöglich erwiesen hat, erhält das Argument des Täuschergottes ein solches Gewicht, weil es die Regel der Evidenz aufhebt. Damit wird aber das im *Discours* gefundene Wahrheitskriterium insofern ge-

genstandslos, als ein Gewissheitserlebnis, das notwendig subjektiv ist, nicht zum Fixpunkt der Erkenntnis taugt: Gesucht ist ja objektive Wahrheit; und die kann nicht subjektiv begründet werden.

Zugleich steht hinter dem Argument ein entscheidender Topos der cartesianischen Gottesauffassung. Für Descartes ist Gottes Allmacht nicht beispielsweise durch die Mathematik eingeschränkt; vielmehr ist 3 + 2 gleich 5, weil Gott es so will. Einen Gott anzunehmen und vorauszusetzen, der die Mathematik willkürlich dekretiert, unterminiert natürlich den Wert einer Evidenz, selbst wenn es um die Arithmetik geht. So wird sichtbar, dass auch das Kriterium der Evidenz, das die erste Regel des *Discours* verlangt, einer Fundierung bedarf, damit Klarheit und Deutlichkeit wieder als Wahrheitskriterium dienen können.

4.2 *Cogito ergo sum*

Der große Umbruch im eigenen Werk, zugleich die eigentliche Zäsur in der Geschichte des neuzeitlichen Denkens, ist jene Erfahrung des *cogito*, die für Descartes zum archimedischen Punkt werden sollte und die die Entwicklung des philosophischen Denkens bis in die Gegenwart maßgeblich bestimmt hat: die Erfahrung der Selbstgewissheit. Sorgsam, ja umständlich bereitet Descartes den Leser im vierten Teil des *Discours* wie in der Zweiten Meditation auf das Un-Erhörte, das so gänzlich Ungewohnte dieser neu gefundenen Erfahrung vor – auf den Umschlag des universellen, radikalen Zweifels in eine unumstößliche Gewissheit. Denn wenn ich mich überrede, alles sei bloß Trugbild, eine Chimäre, die Sinneswahrnehmungen geradeso wie die Inhalte der Mathematik, so bleibt doch, dass *ich* es bin, der dies tut: *cogito* und *existo*, ›ich denke‹ und ›ich existiere‹ bilden eine unzertrennliche Einheit. Ein Täuschergott kann zwar zwischen mein Denken und den Gegenstand treten, an den ich denke, nicht aber zwischen mich und den Inhalt meines Denkens; darum kann er mich in einem gewiss nicht täuschen: »Ego sum, ego existo«[6], oder in der geläufigen lateinischen Form der *Principia*: »Cogito ergo sum« – »Ich denke, also bin ich«; diese Erkenntnis ist »die überhaupt erste und sicherste, auf die jeder regelgeleitet Philosophierende stößt«[7]. Im *Discours* war Descartes so vorsichtig, die Aussage noch als seine eigene, ganz persönliche Erfahrung einzukleiden, über die er berichtet; auf diese Weise wird jeder Kritik vorgebeugt, denn warum sollte ein solcher autobiografischer Bericht bezweifelt werden? Erst die *Meditationes* verzichten hierauf. Sie sprechen die These des *cogito* präsentisch aus und formulieren sie als Erfahrung eines jeden Ich, das sich ernsthaft auf die Zweifelsproblematik einlässt: Wenn ich zweifele – und sei es versuchsweise an allem –, so kann ich doch nicht zugleich daran zweifeln, dass *ich* zweifele. Der Zweifel selbst führt mich zu einer ersten unumstößlichen Gewissheit.

Wie aber verträgt sich solche Gewissheit mit dem vorausgegangenen universellen Zweifel? Hier ist eine Differenzierung vonnöten, die Descartes erst später einführt, die aber auf dem Hintergrund des methodischen Zweifels keine Schwierigkeiten bereitet. Der Zweifel nämlich bezog

6 Med. II; AT VII.24, S. 80.

7 Princ. I.7, S. 15; AT VIII–I.7, S. 15; vgl. Disc. IV; AT VI.32, S. 65.

sich auf das *Abbildverhältnis* zwischen unseren Vorstellungen (*ideae*) auf der einen Seite und dem wahrgenommenen oder geschauten Gegenstand (*res*) in der äußeren beziehungsweise in der mathematischen Welt auf der anderen Seite, nicht aber darauf, dass wir überhaupt solche inneren Zustände wie Vorstellungen haben. Das Bestehen eines solchen Abbildverhältnisses drücken wir in einem *Urteil* aus, während irgendwelche Vorstellungen zu haben nicht (oder nur in einem äußerst abgeschwächten Sinne) bedeutet, dass damit Wahrheit oder Erkenntnis verbunden wäre. Während eine Vorstellung auch die einer »Chimäre« sein kann, bejahe oder verneine ich im Urteil immer eine behauptete »Ähnlichkeit« meiner Vorstellung mit dem »Gegenstand«.[8] Urteile, die ein solches Verhältnis ausdrücken, bleiben darum auch nach der Gewinnung der ersten Gewissheit bezweifelbar.

Doch mehr noch: Ein wichtiger Schritt auf dem Wege zum *cogito* besteht darin zu behaupten, dass ich mir widerspruchsfrei vorstellen könne, keinen Körper zu haben:

> Dann untersuchte ich aufmerksam, was ich denn sei, und sah, ich konnte mir vortäuschen, dass ich keinen Körper hätte und dass es keine Welt gäbe noch einen Ort, an dem ich mich befände, dass ich mir deshalb aber nicht vortäuschen konnte, selbst nicht zu sein; ganz im Gegenteil, daraus selbst, dass ich an der Wahrheit der anderen Dinge bewusst zweifelte, folgte sehr einleuchtend und sehr sicher, dass ich bin […].[9]

8 Med. III; AT VII.37, S. 109, 111.
9 Disc. IV; AT VI.32, S. 65.

Die moderne Variante hiervon ist Hilary Putnams (1926–2016) Gedankenexperiment vom sonst körperlosen, an einen Großcomputer angeschlossenen Gehirn in einer Nährlösung, das Zustände hat, als besäße es einen Körper und als bezögen sich seine Wahrnehmungsinhalte auf eine es umgebende Welt. Auch hier würde für das Gehirn keine Möglichkeit bestehen, über die Wahrheit oder Falschheit seiner Wahrnehmungsurteile abbildungstheoretisch zu entscheiden. Was Descartes voraussetzt, ist die völlige Trennung von Denken auf der einen Seite und raumzeitlicher Welt auf der anderen Seite, die Trennung von – wie er es nennt – *res cogitans* und *res extensa* im Sinne seiner berühmten Zwei-Substanzen-Lehre: Die *res cogitans* ist die denkende, nicht ausgedehnte Substanz, die *res extensa* hingegen die ausgedehnte, nicht denkende Substanz.

Eine Substanz ist dabei etwas, das durch wesentliche, ihr immer zukommende und in diesem Sinne notwendige Eigenschaften gekennzeichnet ist, ihre Attribute, die nicht mehr auf anderes zurückführbar sind. In der Scholastik war Gott die einzige, weil auf nichts sonst rückführbare Substanz; deshalb wohl nennt Descartes seine beiden Grundelemente *res* (*cogitans* bzw. *extensa*) – erst in der Spätschrift, den *Principia*, schreibt er auch »substantia cogitans« und »substantia corporea«.[10] Doch zugleich merkt er im Sinne der Tradition an:

> Unter *Substanz* können wir nichts anderes verstehen, als ein Ding, das so existiert, daß es keines anderen Dinges bedarf, um zu existieren. Und zwar kann allein eine ein-

10 Z. B. Princ. I.48 und I.52; AT VIII–1.23–25, S. 52, 57.

zige Substanz als eine solche verstanden werden, die zu ihrer Existenz schlichtweg keines anderen Dinges bedarf, nämlich Gott. Wir erfassen nämlich, daß alle anderen nicht anders als mit Hilfe des Eingriffs Gottes existieren können, und deshalb kommt die Bezeichnung der Substanz Gott und jenen nicht *univok*, wie man an den Universitäten zu sagen pflegt, zu [...].[11]

Zurück zur Argumentation der *Meditationes*: Den erreichten Stand kennzeichnet Descartes folgendermaßen: Ich zerfalle in *mein Denken* und in eine »Maschine der Glieder«[12] oder kurz, eine Gliedermaschine, genauer: Das, was ich »Ich« nenne, kann sich (wenigstens zunächst) nur auf mein Denken beziehen. Mein Zweifel hat mich so auf mich als den Zweifelnden mit all meinen Vorstellungen zurückgeworfen.

Der entscheidende Schritt zum gesuchten Fixpunkt unserer Erkenntnis besteht nun nicht in der Formulierung einer Gewissheit, die auf die Welt oder auf die Mathematik bezogen wäre, sondern in einer Existenzaussage, die eine *Existenzgewissheit* ausdrückt: »Cogito ergo sum«. Im zweifelnden Denken erfahre ich mich als existierend.

Eine Aussage »A existiert« ist rein formal von ganz anderer Art als eine prädikative Aussage »A ist B« (auch wenn man zu Descartes' Zeit die Existenz wie eine Eigenschaft, also wie ein Prädikat behandelte und eine formale Entsprechung zwischen »A ist grün« und »A ist existierend« sah). Tatsächlich bestehen Descartes' erste beide Schritte der Er-

11 Princ. I.51; AT VIII.1, S. 57.
12 Med. II; AT VI.26, S. 79.

kenntnissicherung in der Begründung von Existenzaussagen, nämlich »Ich existiere« und »Gott existiert«, um von dort den Schlüssel zu einer Rückgewinnung der prädikativen Aussagen zu finden. Der Zweifel, so zeigt sich nun, wird zurückgedrängt auf die Abbildungsbeziehung prädikativer Aussagen. Das aber erlaubt die Formulierung und Fundierung von Existenzaussagen, denn diese bilden nichts ab; für sie braucht man keine Adäquationstheorie der Wahrheit, die zu erklären hätte, wie es gelingen kann, dass das Denken eine Beziehung erfasst, die außerhalb seiner selbst liegt. Oder etwas anders gewendet und wieder dichter an Descartes' eigenen Argumentationsschritten: Descartes hat einen Punkt erreicht, der nicht unter das Wahrheitskriterium der Evidenzregel des *Discours* fällt, denn in Klarheit und Deutlichkeit zerlegbare Inhalte stehen hier gar nicht zur Überprüfung an. Das Unbezweifelbare meiner Existenz liegt ganz innerhalb meines eigenen Denkens. Es bezieht sich auch nicht auf die einzelnen Inhalte meiner Vorstellungen, sondern nur darauf, dass ich im reflexiven Zweifel meiner selbst als existierend innewerde – unabhängig gerade von den jeweils bezweifelten Inhalten.

Das *cogito ergo sum* bringt zugleich *sowohl* die Wendung zum Erkenntnissubjekt zum Ausdruck *als auch* die Erkenntnissicherung als Aufhebung des Zweifels. Damit hat die Erfahrung der Individualität, wie sie als zentrale Erfahrung der Renaissance in der Einleitung herausgearbeitet wurde, nun ihren systematischen Ort auf eine Weise erhalten, die sie zum Ausgangspunkt menschlichen Selbst- und Weltverständnisses werden lässt: Der Durchbruch zum neuen Weltbild ist nicht nur vollzogen – der neuen Weltsicht entspricht die zentrale Bedeutung, die dem zweifelnd-erkennenden Menschen in der autoritätsfreien Begründung der Erkenntnis als einer *menschlichen* Erkenntnis zukommt: Das *Ich* ist es, das dem radikalen Zweifel ein Ende setzt.

Betrachten wir dieses *cogito ergo sum* etwas genauer. Was ist *cogitare*? Descartes zählt in seiner Bestimmung sämtliche Grundformen geistiger Tätigkeit auf: »dubitans, intelligens, affirmans, negans, volens, nolens, imaginans, sentiens«[13]. Zweifeln und einsehen, zustimmen und negieren, vorstellen und meinen – gemeinsam ist ihnen allen, dass sie von Bewusstsein, nicht aber unbedingt von Selbstbewusstsein begleitet sind. Daran lässt sich ablesen, dass man *cogitare* nicht einfach als ›denken‹, schon gar nicht im Sinne einer scharfen Eingrenzung auf *ratio*, auf ein Grund-Folge-Denken, verstehen darf, sondern als umfassende Bezeichnung für das nehmen muss, was dem Subjekt in seinem Inneren begegnet.[14] Wir müssen bedenken, dass alles, was uns zu Bewusstsein kommt – sei es eine Freude, ein Schmerz, ein Eindruck auch von einem äußeren Gegenstand, unsere Beschreibung von etwas –, dass all dieses nicht ohne *cogitatio* möglich ist. In dem Augenblick, in dem es sich um Bewusstseinsinhalte handelt, sind diese Inhalte als *cogitationes* zu sehen; *cogitare* ist also der umfassendste Begriff hierfür.

Nun sagt Descartes: »Cogito« – ›Ich denke‹. Das Denken richtet sich auf sich selbst, ich richte mich in meinem Denken auf mich. Solches Denken ist Reflexion, die Grundlage aller Philosophie. Indem ich mich auf das Ich richte, das

13 Med. II; AT VII.28, S. 84.
14 Vgl. Schmidt, *Aufklärung*, S. 96.

denkt, gelange ich zu der Grundlage dieses Denkens, ohne das es gar nicht statthaben kann. Dieses Ich ist die Bedingung der Möglichkeit jeglicher Wahrnehmung und Erkenntnis. »So geht also [...] dem natürlichen Sein der Welt [...] als an sich früheres Sein das des reinen Ego und seiner cogitationes voraus«, wird später Edmund Husserl (1872–1970) ausführen.[15] Gemeint ist damit, dass ich *weiß* (also auch denke), dass ich denke, fühle, will und wahrnehme. Hingegen kann ich nicht etwa sehen, dass ich sehe, oder hören, dass ich höre. Dieses *cogitare* ist deshalb in ganz einzigartiger Weise ausgezeichnet; denn ich kann nicht zweifeln, dass ich zweifele.

Zweifeln setzt voraus, dass derjenige, der zweifelt, sich dieses Zweifelns bewusst ist, und damit seiner selbst als eines Zweifelnden. Man hat deshalb gegen Descartes eingewandt, es müsse eigentlich »sum dubitans« heißen: Ich bin ein Zweifelnder – und weiter komme man nicht.[16] Doch dem lässt sich begegnen, nicht nur weil Descartes in der *Recherche de la Vérité* beides miteinander identifiziert: »*Dubito, ergo sum*, vel, quod idem est: *cogito, ergo sum*« »›Ich zweifele, also bin ich‹, oder, was dasselbe ist, ›Ich denke, also bin ich‹«[17], sondern weil diese Identifikation sachlich begründet ist; denn als ein Zweifelnder weiß ich mich zugleich als ein Denkender. Zweifeln ohne Bewusstsein von diesem Zweifeln ist kein Zweifel, er würde ja gerade das verfehlen, was das Zweifeln als geistige Tätigkeit ausmacht.

15 Husserl, *Cartesianische Meditationen*, § 8.
16 So Scholz, *Mathesis universalis*, S. 86.
17 *Recherche*; AT X.523, S. 77.

Ein weiterer Punkt: Dem »cogito« folgt – zumindest in den *Principia* und der *Recherche* – ein »ergo«. Auch hieran hat sich schon sehr früh die Kritik entzündet, denn wie soll man eine *Argumentation*, ein »ergo« zulassen können, wenn uns doch der Zweifel aller Sicherheit der Logik beraubt hat? Die Einsicht von meiner Existenz, »ergo sum«, wäre danach gar keine erste, sondern eine abgeleitete Einsicht, abgeleitet aus einem allgemeineren Obersatz (etwa: ›Alles, was denkt, existiert‹ oder auch: ›Wenn ich denke, existiere ich‹), abgeleitet überdies mit noch gar nicht als zulässig erwiesenen Mitteln. Doch diese Kritik wird von Descartes ausdrücklich zurückgewiesen: Es handele sich nicht um einen Syllogismus, sondern man »erkennt eine gewissermaßen selbstverständliche Sache durch eine einfache Intuition des Geistes«[18].

Die Kritik ist dennoch insofern berechtigt, als man Descartes' »ergo«-Formulierung unglücklich nennen muss: Was sie ausdrücken soll, ist sicherlich kein logischer Schluss, wohl aber eine Hinführung, um einzusehen, dass ich mich selbst als Denkender im Zweifeln erfahre. Das aber ist eine einzige, einheitliche Existenzerfahrung, die nicht zerfällt in die Erfahrung des Ich einerseits und die der Existenz andererseits. Es handelt sich also keineswegs um eine schrittweise Argumentation, sondern um die sprachliche Darstellungsform einer ungeschiedenen, ganzheitlichen Einsicht. Als Existenzerfahrung ist sie verschieden von klaren und deutlichen Erkenntnissen, weil Letztere auf der Freilegung von Merkmalen beruhen. Und sie kann vom Täuschergott nicht getrübt werden, weil der mich allenfalls in der abbil-

18 Med., Resp. II.2; AT VII. 140, S. 150.

denden Beziehung von Urteilen zu hintergehen vermag. Dennoch handelt es sich bei meiner Existenzerfahrung um eine Einsicht im Sinne einer *intuitio*; und dies muss Descartes voraussetzen, um dem Einwand zu begegnen, im *cogito* sei nur verkürzt dargestellt, was gar keine erste Wahrheit sei, sondern eigentlich ein unendlicher Regress, wenn man den Gang des Zweifels betrachte: Ich nehme ein Ding wahr. Ich meine, ein Ding wahrzunehmen. Ich weiß, dass ich meine, ein Ding wahrzunehmen. Ich weiß, dass ich weiß, dass ich meine ... Ein solcher Regress der Merkmale wird nur dadurch aufgehoben, dass ich ihn einheitlich als *cogitatio* erfasse und so im *ego cogito* von Anbeginn zur Einheit bringe. Genau so argumentiert Descartes in den Erwiderungen, wenn er betont, es handele sich um jene »innere Erkenntnis [...], die stets der reflektierten vorangeht«[19].

Lassen sich die eben formulierten Kritiken eindämmen, so steht immer noch in Frage, warum es sich im *cogito* um die gesuchte Grundlage der *Erkenntnis* handeln solle.[20] Mein »Cogito« ist doch ein durch und durch subjektiver Satz, ja, er beruht gerade auf dem völligen Kappen jeder Beziehung zur Welt wie zur Sphäre der Mathematik. Doch die gesuchte Fundierung darf nicht nur mich betreffen, nicht auf das Ego zielen, denn wie sollte sonst Objektivität erreicht werden, die wohl mindestens Intersubjektivität verlangt! Ist nicht die Reflexion, die Descartes uns vorführt, in ihrer Wendung zum Erkenntnissubjekt das Subjektivste, das sich denken lässt: *Ich* denke! Im Gegensatz zu Aussagen wie »Er raucht« fehlt jede Vergleichsmöglichkeit, jeder

19 Med., Resp. VI.1; AT VII.422, S. 403.
20 Vgl. Kemmerling, *Idee*, S. 143 f.; Lefèvre, *»Cogito«*.

Rekurs auf Anzeichen. Wenn dennoch diese Aussage »Ich denke« nicht zum Subjektivismus führt, so deshalb, weil sie eine Beziehung zwischen mir und dem Denken – genauer: die Erfahrung eines Zugleich von meiner Existenz als einem Denkenden und meinem Zweifeln – zum Ausdruck bringt, die *jeder* machen kann, gerade *weil* es nicht um einzelne meiner Denkinhalte geht. Ich erfahre mich also zugleich als Teil des Allgemeinen im Denken, ich erfahre mein Denken als Teil der *cogitatio* schlechthin. Und eben darum handelt es sich um eine notwendige und zweifelsfreie Einsicht des *lumen naturale*.[21]

Hier erweist sich als unverzichtbar, dass Descartes am Ende der Zweiten Meditation forderte, den Zweifel nicht so zu verstehen, diese oder jene Meinung könne falsch sein, sondern dass ich im methodischen Zweifel *jede* Meinung bezweifele. Bernard Williams (1929–2003) hat die Frage diskutiert, ob Descartes damit nicht mehr verlange, als zur späteren Erkenntnisbegründung nötig sei; denn zwei Leute, von denen der eine glaubt, alle Pilze im Walde seien giftig, der andere hingegen, nur einige seien giftig, ohne jedoch zu wissen welche: Von den beiden wird keiner Pilze essen; deshalb genüge eine schwache Formulierung des Zweifels.[22]

Nun zeigt sich, dass die Intersubjektivität der gewonnenen höchst subjektiv erscheinenden Existenzaussage des *cogito* gerade dadurch hergestellt wird, dass ich von den naturgemäß immer subjektspezifischen Inhalten *völlig* absehen kann und muss. Die Objektivität und Wahrheit mei-

21 So Robinet, *Descartes*, S. 133 f.
22 Vgl. Williams, *Descartes*, S. 35 f.

ner »Cogito«-Aussage, das, was ihr die Dignität einer gesicherten Erkenntnis verleiht, beruht nicht auf einer Korrespondenz zu irgendetwas außerhalb des Denkens, sondern auf dem für jedes denkende Wesen möglichen und im Ergebnis notwendigen Nachvollzug. Damit ist der erste Schritt in eine Subjektphilosophie getan, die trotz des radikalen Ausgangs vom Subjekt in Anspruch nimmt, zu intersubjektiv geltenden Aussagen gelangen zu können. Ihr cartesisches Fundament, der Zweifel, kann gerade keine göttliche Erkenntnis sein, denn Gott zweifelt nicht; Zweifel sind ganz und gar menschlich und gehören damit ausschließlich der Seite des Subjekts an.

Heute ist man geneigt, geschult etwa durch die Sprachanalyse der Analytischen Philosophie, dies alles herunterzuspielen und zu sagen, dass ich, wenn ich so ein Wort wie »denken« verwende, schon in eine als existierend vorauszusetzende Gemeinschaft gestellt bin, von der ich die Sprache und mit ihr die Grammatik, also die regel- und sachgerechte Anwendung des Wortes »denken«, erlernt habe: Weder also sei das *cogito* voraussetzungslos, noch bringe es gar eine Erfahrung zum Ausdruck, der ich im reflektierenden Zweifel teilhaftig werde – ein Einwand, der Leibniz dazu führen wird, das *cogito ergo sum* als erste Tatsachenwahrheit zu bezeichnen: Ich müsse schon etwas zu denken haben, ehe ich zweifeln könne. Oder in der Perspektive der Analytischen Philosophie formuliert: Ein Denken müsse von der Grammatik des Wortes her immer das Denken *von etwas* sein, und weiter müsse es ein Subjekt geben, das denkt, denn »Es denkt« ist kein sinnvoller Satz. Descartes' ganze Erfahrung sei also nichts weiter als die Feststellung der Grammatizität eines Satzes.

Diese Kritik zeigt uns fraglos, dass der von Descartes gefundene Satz gar kein archimedischer Punkt und voraussetzungsloser Anfang ist (eine voraussetzungsfreie Begründung der Erkenntnis hat sich als unmöglich erwiesen) – aber sie geht zugleich meilenweit an dem vorbei, was Descartes mit diesem Beginn und mit diesem Einsetzen beim Subjekt für die Entwicklung des neuen Welt- und Menschenbildes geleistet hat: An die Stelle einer Erkenntnislehre, die Welt und Mensch als gegeben hinnimmt und nur fragen musste, wie es zu wahren Aussagen kommen könne, anstelle einer Ontologie, die, wie bei Platon, die Ideen vorgibt und die Wirklichkeit als schwache Abbilder nimmt, oder die Gott vorgibt und die Welt als seine Schöpfung begreift wie die christliche Tradition, oder die die Dinge als gegeben ansieht – ontologisch vierfach geschichtet wie bei Aristoteles oder atomistisch zusammengesetzt wie bei Demokrit. An die Stelle aller herkömmlichen Ontologie stellt Descartes eine völlig anders geartete, eine, deren Grund und Ausgang das *denkende Subjekt* in seiner Einheit von *cogito* und *existo* ist. Eben dies lässt Descartes zum Begründer der neuzeitlichen Philosophie werden.

4.3 Die *res cogitans*

Was war für die Subjektphilosophie gewonnen mit dem *cogito* als dem »ersten Prinzip«, wie Descartes es nennt? An die Stelle des universellen Zweifels, der damit einsetzte, alles für falsch zu halten, ist die Gewissheit, die Wahrheit einer *Existenzaussage* getreten: Nicht alles ist falsch –

und insofern ist nach der Art eines mathematischen indirekten Beweises die Unhaltbarkeit des totalen Skeptizismus im Ausgang vom Subjekt erwiesen; aber noch bleibt alles außerhalb dieser ersten Existenzaussage bezweifelbar. Es gilt deshalb, den kleinen gewonnenen Fixpunkt aufzuweiten. Doch noch ist er winzig, noch kann ich nur festhalten, dass ich existiere, »*solange* ich denke«[23]. Wäre es, fragt Descartes, »vielleicht möglich, dass ich, wenn ich gänzlich aufhörte zu denken, alsbald auch aufhörte zu sein«? Wie kann es gelingen, über den singulären Akt des Zweifelns hinauszugelangen? Edmund Husserl und mit ihm Hans Heinz Holz (1927–2011) argumentieren, dass solche Punktualität gar nicht vorliege, dass jedes »jetzt« eine zeitlich durchaus ausgedehnte Größe sei. Holz folgert darüber hinaus, im Zweifel werde das Verhältnis des Denkens zu sich, zu einem Gedachten, als das »Verhältnis von Identität und Verschiedenheit« gerade nicht mehr zeitlich-punktuell verstanden, sondern im Sinne einer eingeborenen Idee, die eine Apriori-Voraussetzung des Zweifels selbst sei:

> Der Zweifel, der die Inhalte des Denkens in Klammern setzt, sie aber in diesem suspendierenden Modus erhalten muß, um als Zweifel überhaupt zu sein [...], bringt die Identität und Verschiedenheit der Zustände des Zweifelns evident zum Bewusstsein. Damit wird die Punktualität des *dubito* [ich zweifle] in der Selbsthabe des *ego dubito* (= *sum cogitans, sum dubitans*) [ich selbst zweifle, bin denkend, bin zweifelnd]) zur Erfahrung der

23 Med. II; AT VII.27, S. 81.

> Identität des zeitlich dauernden Zweifels, und diese Identität zeigt sich als ein in der Zeit dauerndes Seiendes, von dem mir evident ist, dass ich es immer selbst bin.[24]

Wie aber, wenn ich tief schlafe?

Descartes selbst überspringt die Schwierigkeit zunächst, indem er unmittelbar zum Begriff einer *res*, einer Substanz wechselt: »Also was bin ich nun? Ein denkendes Ding«, eine *res cogitans*, erklärt er lapidar. Gewiss, wenn ich eine *res*, ein Ding, gar ein »wirkliches und wahrhaftig existierendes Ding« von der Art einer unvergänglichen Substanz bin (»sum autem res vera & vere existens«)[25], so ist unser Problem gelöst.

Doch welche Argumente tragen den Brückenschlag von der ursprünglichen Richtung des Zweifelsaktes in seiner Punktualität zur dauerhaften Existenz des Ich? Natürlich verlangt jede Tätigkeit ein Subjekt, das tätig ist. Descartes gibt dies Hobbes in seinen Erwiderungen zu:

> Ganz gewiß kann es kein Denken ohne ein denkendes Ding geben, wie es überhaupt keinerlei Akt ohne irgendein Akzidenz ohne eine Substanz geben kann, in der er oder es ist. Wir erkennen aber die Substanz selbst nicht unmittelbar durch sich selbst, sondern wir erkennen sie nur dadurch, daß sie das Subjekt bestimmter Akte ist.[26]

24 Holz, *Descartes*, S. 85 f.
25 Med. II; AT VII.27, S. 80.
26 Med., Resp. 3, ad 2; AT VII.175 f., S. 183.

Diese Substanz bleibt also zwangsläufig ohne nähere Bestimmung; das Einzige, was sie zu leisten hat, ist eine Permanenz zu ermöglichen (oder einzufordern).

Damit schiebt Descartes auch den Einwand Gassendis beiseite,[27] dass jemand im Tiefschlaf oder ein Kind im Mutterleib oder ein Bewusstloser doch wohl kaum »denke« und folglich nicht existiere. Diese Überlegung ist deshalb keine bloße Sophisterei, weil eine Maschine zu zerstören eine Sachbeschädigung ist, einen Menschen zu töten dagegen Mord. Wenn der aber ein Bewusstloser, der ja nicht denkt, und damit auch kein denkendes Wesen ist, könnte ich ihn ohne zu morden beseitigen. Ohne auf derlei Schwierigkeiten einzugehen, erwidert Descartes Gassendi: Die Seele »denkt immer, da sie *res cogitans* ist«. Man gewinnt also aus der Erwiderung den Eindruck, Descartes *postuliere* die Permanenz in Gestalt einer substanziellen *res cogitans*; doch handelt es sich nicht um ein Postulat, sondern um eine mit dem mittelalterlichen Substanzbegriff gegebene Voraussetzung, die ihn die Auffassung vertreten lässt, dass das Denken als ein Attribut eines substanziellen Trägers bedarf. ›Attribut‹ bezeichnet dabei nicht irgendeine, sondern eine wesentliche, essenzielle und sie damit allererst kennzeichnende Eigenschaft der in Rede stehenden Substanz. Damit wird der tradierte Substanzbegriff zur Grundlage des cartesischen Übergangs vom *cogito* als Attribut zur *res cogitans* als Substanz; denn eine Substanz ist der unverzichtbare und unvergängliche Träger der wechselnden Modi. Nur so kann Descartes im Übrigen einlösen, was er in der Erstauflage der *Meditationes* verspricht, ohne

27 Med., Resp. 5, ad 2.4; AT VII.356, S. 362.

es doch explizit zu tun – einen Beweis für die Unsterblichkeit der Seele zu geben.[28]

Mit Descartes' Verwendung des Substanzbegriffs, bezogen auf die *res cogitans*, tun sich nun weitere Schwierigkeiten auf: Seine Formulierung lässt nämlich völlig offen, ob die *res cogitans* das allem Denken aller Individuen zugleich Zugrundeliegende darstellt oder ob jedes denkende Individuum je für sich eine solche tätige Substanz ist, so dass die *res cogitans* in die Vielzahl denkender Wesen aufgesplittert wird.[29] In der Nachfolge sind höchst unterschiedliche Deutungen gegeben worden. Die Frage zu beantworten bedeutet aber zugleich, das Problem eines Brückenschlags vom Denken des einen Individuums zu dem eines anderen auf die eine oder andere Weise zu lösen. Dies gelingt dem ersten Standpunkt ganz zwanglos, denn bei einer einzigen, umfassenden Substanz stellt sich die Frage gar nicht, ob ein bestimmtes Individuum aktual denkt; die Disposition hierzu ist entscheidend, denn sie lässt das Individuum Teil der substanziellen *res cogitans* sein. Dass eine solche Deutung möglich ist, liegt an der Inhaltsleere des cartesischen *cogito*, das ja aller Individualität ledig ist. Was man jedoch verliert, ist jene Fülle des Ich, die zuallererst das Individuum konstituiert. So sah Spinoza die *res cogitans* als Attribut der einzigen Substanz Gott, mit der Folge, Menschen zu einer endlichen Modifikation der unendlichen Substanz absinken zu lassen. Den zweiten Weg hingegen wählte Leibniz, indem er jedes Ich (Gott eingeschlossen) radikal als individuelle Substanz oder Monade sah – wobei er, ganz

28 Titelblatt der Erstauflage von 1641; AT VII, S. XIX.
29 Marshall, *Prinzipien*, S. 62 ff.

im Sinne Descartes', voraussetzt, dass die Vernunft als Vermögen allen Menschen in gleicher Weise gegeben sei.

4.4 Gottesbeweise und die Sicherung der Wahrheit

Die erste unzweifelhafte Wahrheit ist mit dem *cogito ergo sum* gefunden; doch wie lässt sich von dort aus gesicherte Erkenntnis aufbauen? Dass ich in diesem Ausgang ganz bei mir bin, beschreibt Descartes zu Beginn der Dritten Meditation:

> Ich werde nun meine Augen schließen, meine Ohren verstopfen, alle Sinne abberufen, ich werde auch alle Bilder von körperlichen Dingen entweder aus meinem Denken tilgen oder doch wenigstens, weil dies kaum geschehen kann, sie wie leere und falsche Bilder für nichts erachten; und indem ich mit mir allein spreche und tiefer in mich hineinblicke, werde ich mich bemühen, mich selbst mir nach und nach bekannter und vertrauter zu machen. Ich bin eine denkende Sache, das heißt, eine Sache, die zweifelt, behauptet, negiert, weniges versteht, vieles nicht weiß, die will, nicht will, sich auch etwas einbildet und empfindet [...].[30]

Wenn ich also in mich schaue, finde ich in mir eine Vielzahl von Vorstellungen und Denkinhalten, aber ich weiß nicht, welchen Wahrheitsgehalt sie haben (außer, dass sie es sind, die mich in meiner Existenz bestätigen).

30 Med. III; AT 34 f., S. 103.

Nun hatte Descartes mit der Einführung des Täuschergottes die Regel der Evidenz so weit erschüttert, dass es zunächst erforderlich ist, diesen zu bannen und wieder auszuschalten. Um das zu erreichen und zugleich eine weitere unumstößliche Wahrheit zu gewinnen, führt Descartes einen Gottesbeweis.

Seit Kant ist es üblich geworden, folgende Typen von Gottesbeweisen zu unterscheiden:

1. Der *ontologische Gottesbeweis*, der auf Anselm von Canterbury zurückgeht, schließt vom Begriff Gottes als dem vollkommensten Wesen auf die Existenz Gottes: Wenn Gott, definiert als vollkommenstes Wesen, nicht existierte, dann wäre er nicht vollkommen.
2. Der *kosmologische Gottesbeweis* hat seine Wurzeln bei Aristoteles, der nach dem Ersten Beweger als Ursache aller Bewegung fragt. Der Beweis verfolgt, allgemein gesprochen, die Ursachenkette der in der Welt existierenden Dinge zurück zu einer ersten, selbst nicht mehr bedingten Ursache, d. h. zu Gott als *causa sui*, als Grund in sich selbst.
3. Der *physikotheologische* oder *teleologische Gottesbeweis*. Dieser Beweis sollte im 18. Jahrhundert eine zentrale Stellung einnehmen und schließt von der Zweckmäßigkeit, die in der Natur zu beobachten ist, auf die Existenz eines weisen Zwecksetzers: Gott.

Alle diese Beweise sind in der skizzierten Form angesichts des Ausgangs vom *cogito* für Descartes nicht zu führen.

Darüber hinaus sind ihm die traditionellen Kritikpunkte vertraut: Der ontologische Gottesbeweis krankt, wie wir seit Kant sagen würden, an der Verwechslung von Existenz mit einer Eigenschaft. Auch wenn sich die Tradition dessen nicht bewusst war, diskutierte doch selbst Anselm Gegenbeispiele folgender Art: Aus dem Begriff eines vollkommensten Berges folgt nicht dessen Existenz. Es müssen also zusätzliche Sicherheitsvorkehrungen getroffen werden.

Anderer Art sind die mit dem kosmologischen Gottesbeweis verbundenen Schwierigkeiten, die seit Aristoteles geläufig sind: Die *causa sui* kann auf die Dinge der Welt nicht im Sinne der üblichen Kausalität einwirken, ja, sie muss als Sein selbst von anderer Beschaffenheit sein als jenes der Welt; zu fordern ist also eine Art des Bewirkens, welche die beiden Seinsbereiche Gott und Welt zu überbrücken vermag.

Der physikotheologische Gottesbeweis scheidet für Descartes aus, weil darin der Ausgang von den Dingen der Welt und deren Zweckmäßigkeit genommen wird, während für ihn nur das *cogito* als Ansatzpunkt zur Verfügung steht.

Tatsächlich entwickelt Descartes deshalb einen eigenen Beweisgang, wobei er, den ontologischen Gottesbeweis modifizierend, aus dem kosmologischen Gottesbeweis den Gedanken der kausalen Bedingtheit entlehnt und auf Ideen bezieht. Es lag nahe, gerade den ontologischen Beweis aufzugreifen, weil er von einem Begriff, einer Idee, einer Vorstellung ausgeht, denn dass ich Vorstellungen habe, ist nicht zu bezweifeln; doch bedarf es einer sorgfältigen Vorbereitung, um den traditionellen Kritiken entgehen zu können. Descartes verbreitert hierzu den Ausgangspunkt, das *cogito* und die *res cogitans*, indem er eine uns heute fremd gewordene scholastische, auf Duns Scotus (um

1266–1308) zurückgehende Begrifflichkeit übernimmt. Eine Idee, die wir haben, hat als Idee eine eigene Art von Wirklichkeit; diese wird *realitas objectiva* genannt. Dabei ist »realitas« sprachlich von »res« abgeleitet und bedeutet nicht das, was wir heute unter »Wirklichkeit« zu verstehen pflegen, sondern so etwas wie Sachhaltigkeit oder Wirkmächtigkeit in Gestalt des Vermögens, etwas anderes – eben das Vorgestellte – zu repräsentieren, dies aber in der Sphäre der Ideen. Descartes definiert:

> Unter der *objektiven Realität einer Idee* verstehe ich die Entität [›entitas‹, Seinsgehalt] des durch die Idee repräsentierten Dinges, insofern sie in der Idee ist. […] Denn alles, was wir gleichsam in den Objekten der Ideen erfassen, ist in den Ideen selbst objektiv <oder durch Vorstellungen> vorhanden.[31]

Dieser *realitas objectiva* wird die *realitas formalis* gegenübergestellt,[32] die Descartes auch *realitas actualis* nennt. Sie bezeichnet das, was man heute »Faktizität« oder »Wirklichkeit« nennt, also etwas, das unabhängig von unserem Vorstellen ist.

Nun lässt Descartes von vornherein zu, dass es ein Enthaltensein der Wirkung im Bewirkten auch von einem Seinsbereich in einen seinsmäßig anderen geben kann, etwa in Gestalt der Wirkung Gottes auf unsere Vorstellungen oder in der göttlichen Erschaffung der Welt (wie dies

31 Med., Resp. 2, Rationes, Def. III; AT VII.161, Einfügung in <…> frz. Übers., AT IX–I.124, S. 169.

32 Ebd., Def. IV.

beim kosmologischen Gottesbeweis vorausgesetzt wird): Dieses den Seinsbereich übersteigende Wirkvermögen ist die *realitas eminens*.

Nach solchen Vorbereitungen nimmt Descartes die Frage auf, wie die Ideen, die ich habe, zustande gekommen sein können. Der Beweis will von der Idee Gottes, die wir haben, auf deren Urheber zurückschließen. Mit diesem Vorgehen wird die Vorstellung von einer Verursachung im Sinne einer besonderen Form von Kausalität auf Ideen übertragen. Zunächst allerdings bietet sich hierzu kein Ansatzpunkt, sind doch alle Ideen in mir gleichberechtigt und hinsichtlich der Frage eines Abbildungscharakters gleichermaßen zweifelhaft. Getreu der Regel der Analyse zerlegt Descartes deshalb die Ideen, und zwar so, dass in Übereinstimmung mit der Regel der vollständigen Analyse alle Ideen erfasst werden. Er unterscheidet im Lichte der Verursachungsfrage zwischen solchen, die ich selbst hervorgebracht habe (*ideae a me ipso factae*) – wie etwa Traumvorstellungen oder Vorstellungen von Fabelwesen –, solchen, die uns auf eine unausweichliche Weise ohne unseren Einfluss gegeben werden (*ideae adventitiae*) – etwa wie die Sinneswahrnehmungen, die ich ja willentlich nicht ändern kann – und schließlich solchen, die eingeboren sind (*ideae innatae*).[33]

Gerade die eingeborenen Ideen werden letztlich die ganze Last der Erkenntnisbegründung zu tragen haben, denn sie bilden die Grundausstattung des denkenden Ich: Hier ist das Ich ganz bei sich selbst, und darum kann bei ihnen kein Täuschergott zwischen mich und das Gedachte treten,

33 Med. III; AT VII.37 f., S. 110.

weil Abbildverhältnisse, die aus dem Subjekt herausführen würden, hier, im innersten Kern der *res cogitans*, gar nicht vorliegen. Descartes nennt folgende Beispiele eingeborener Ideen, von denen er tatsächlich auch Gebrauch macht:

1. Das Prinzip des Widerspruchs (zwei einander widersprechende Aussagen können nicht zugleich wahr sein – die Sonne kann nicht zugleich etwas Kleines am Horizont sein, wie die Wahrnehmung mich zu lehren scheint, und ein riesiger Himmelskörper, wie die Astronomen errechnen).[34]
2. Das Verursachungsprinzip: Aus nichts entsteht nichts (»nihil [...] a nihilo esse potest«).[35]

Diese Prinzipien werden traditionell zu den *notiones communes*, den Gemeinbegriffen, gezählt; bei diesen handelt es sich um Grundsätze, deren Wahrheit dank der vernünftigen Einsicht des *lumen naturale* unmittelbar und allgemein einleuchtet. Mit ihrer Gewinnung ist eine ungemein wichtige Ausweitung des *cogito* gelungen, ohne doch dem methodischen Zweifel untreu geworden zu sein, denn sie behaupten nicht einen bestimmten Inhalt, sondern formulieren nur ausschließende Bedingungen. Von ihnen gibt es noch weitere, sie finden sich in unserem Denken und bestimmen es.

Die Theorie der *notiones communes* bedeutet allerdings, dass das *cogito* aus seiner zentralen Stellung insofern verdrängt wird, als es neben andere, ebenso sicher einzusehende Aussagen tritt. Zugleich zeigt sich, dass der methodische

34 Med. III; AT VII.39, S. 117.
35 Med. III; AT VII.41, S. 122.

Zweifel nicht alles an der Logik in Frage stellt, sondern nur solche Aussagen, die – wenn es sie in der Logik überhaupt gibt – ein Abbildverhältnis ausdrücken, das der Täuschergott stören könnte. Da es aber gerade diese Prinzipien sind, die unser Denken regulieren, werden sie es sein, die später in der Fortentwicklung des Rationalismus die entscheidende Rolle spielen: So wird Spinoza sie suchen, um sie seinem systematischen Aufbau als Axiome voranzustellen, und Leibniz wird nach den *primae veritates* fragen, nach den Ersten Wahrheiten als den Grundprinzipien allen Denkens, während er das *cogito* nur als erste Tatsachenwahrheit, nicht aber als eine erste Vernunftwahrheit gelten lassen will.

Auf dem verbreiterten Fundament lässt sich nun der cartesische Gottesbeweis in seinen Schritten zusammenfassen, um hernach zunächst seine Funktion, dann die eingehenden Voraussetzungen beleuchten zu können:

> Aber es fällt mir noch ein anderer Weg ein um zu untersuchen, ob einige von den Dingen, deren Ideen in mir sind, außerhalb von mir existieren. Sofern nämlich diese Ideen nur gewisse Modi des Denkens [*modi cogitandi*] sind, erkenne ich keine Ungleichheit unter ihnen, und alle scheinen auf dieselbe Weise aus mir hervorzugehen, aber sofern eine diese, eine andere jene Sache repräsentiert, ist es klar, dass sie sich stark voneinander unterscheiden. Denn die Ideen, die mir Substanzen darbieten, sind ohne Zweifel etwas Größeres und enthalten in sich sozusagen mehr objektive Realität [*realitas objectiva*] als jene, die nur Modi oder Akzidenzien repräsentieren; und wiederum jene, durch die ich einen höchsten Gott verstehe, der ewig, unendlich, allwissend, allmächtig

> und Schöpfer aller außer ihm seienden Dinge ist, hat sicherlich mehr objektive Realität in sich als jene, durch die endliche Substanzen dargeboten werden.
> Es ist nun aber manifest durch das natürliche Licht [*lumen naturale*], dass es mindestens ebenso viel in der wirkenden und vollständigen Ursache wie in der Wirkung dieser Ursache [*causa efficiens*] geben muss. Denn woher, so frage ich, könnte die Wirkung ihre Realität erhalten, wenn nicht von der Ursache? Und wie könnte die Ursache sie der Wirkung geben, wenn sie sie nicht besäße?[36]

Hier werden die Vorüberlegungen vorgetragen, die beinhalten,

- dass sich verschiedene Inhalte (und zwar unterscheidbare und in eine Rangfolge zu bringende Inhalte) meines Denkens in mir vorfinden lassen und
- dass wir eine »natürliche Einsicht« besitzen, die besagt, dass eine Ursache mindestens ebenso viel Realität haben müsse wie ihre Wirkung.

Versuchen wir zunächst den Gang der Begründung zu verstehen, den Descartes entwickelt, wenn er in den folgenden Absätzen die Argumentation, die sich auf die Idee eines höchsten Gottes bezieht, so fortführt:

> Unter diesen meinen Ideen – außer jener, die mir mich selbst darbietet, bei der es hier keine Schwierigkeit ge-

36 Med. III; AT VII.40 S. 117, 119.

ben kann – gibt es eine andere, die Gott repräsentiert, andere, die körperliche und unbelebte Dinge, andere, die Engel, wieder andere, die Tiere, und schließlich solche, die andere mir ähnliche Menschen repräsentieren. [...]
Was aber die Ideen von körperlichen Dingen betrifft, so kommt in ihnen nichts vor, das so groß wäre, dass es, wie es scheint, nicht von mir selbst hätte herrühren können [...].
Also bleibt allein die Idee Gottes, bei der ich zu überlegen habe, ob sie etwas ist, das nicht von mir selbst hervorgebracht werden konnte. Unter der Bezeichnung ›Gott‹ verstehe ich eine gewisse Substanz, die unendlich, <ewig, unveränderlich >, unabhängig, in höchstem Maße intelligent und in höchstem Maße mächtig ist und von der sowohl ich selbst als auch alles andere, das existiert – falls etwas anderes existiert – erschaffen wurde. All dies ist in der Tat so beschaffen, dass es mir, je sorgfältiger ich darauf achte, umso weniger möglich scheint, dass es von mir allein hervorgebracht sein kann. Und daher muss aus dem eben Gesagten geschlossen werden, dass Gott notwendigerweise existiert.
Denn obwohl die Idee der Substanz in mir zwar aufgrund dessen ist, dass ich eine Substanz bin, so wäre das dennoch deswegen nicht die Idee einer unendlichen Substanz, da ich endlich bin – <außer wenn diese Idee aus irgendeiner Substanz hervorginge, die wirklich unendlich wäre>.[37]

37 Med. III; AT VII.42–45, Einfügung in <...>: frz. Übers.; AT IX–I.35 f., Anm. 47, S. 125, 127, 131.

Entsprechend finde ich in mir die Idee eines *unendlichen* Wesens vor. Da ich selbst ein *endliches* Wesen bin, kann ich sie (gemäß 2.) nicht hervorgebracht haben. Also kann sie nur ein unendliches Wesen hervorgebracht haben, also existiert dieses unendliche Wesen.

Descartes fährt nun fort, diese Idee eines »vollkommensten, unendlichen Seienden« zu beschreiben: Ich sehe klar und deutlich, dass Gott – der Idee nach – unendlich, unabhängig, von höchster Einsicht, von höchster Macht und von höchster Vollkommenheit ist. Diese meine Idee ist so beschaffen, dass ich mir gar nicht vorstellen kann, sie enthalte »nichts Reales«[38]. Dies soll später den Ansatzpunkt des ontologischen Gottesbeweises der Fünften Meditation liefern, in dem aus dem Begriff Gottes als dem vollkommensten Wesen gefolgert wird, ihm müsse etwas an Vollkommenheit fehlen, wenn er nicht existiere, also existiere er.

So weit der Beweis der Dritten Meditation; nun geht es um die *Funktion* der Argumentation: Descartes verwendet die gewonnene, wie er sagt, »im höchsten Maß wahre Idee«[39] dazu, den Täuschergott wieder loszuwerden, um damit alle übrige Erkenntnis endgültig zu sichern; denn ein guter und vollkommener Gott kann mich nicht täuschen, weil er mich nicht einmal täuschen wollen kann:

> Erstens erkenne ich nämlich, dass es nicht geschehen kann, dass Gott mich jemals täuscht; denn in jeder Täuschung oder in jedem Betrug findet man etwas von einer Unvollkommenheit; und obwohl die Fähigkeit zur Täu-

38 Med. III; AT VII.46, S. 135.
39 Ebd.

> schung ein Beweis von einiger Klugheit oder Macht zu sein scheint, ist der Wille zur Täuschung zweifellos ein Zeugnis von Bosheit oder Schwäche und trifft deshalb auf Gott nicht zu.
>
> Dann mache ich die Erfahrung, dass in mir ein gewisses Urteilsvermögen ist, das ich gewiss, wie auch alles Übrige in mir, von Gott erhalten habe; und da jener mich nicht täuschen will, gab er mir sicherlich nicht ein solches Vermögen, dass ich, solange ich es richtig verwende, mich je irren könnte.[40]

Folglich garantiert Gott alle übrigen Wahrheiten und ihren Wahrheitsgehalt (und Descartes hat nur noch die Mühe zu erklären, wie angesichts einer solchen Sachlage unsere Irrtümer möglich sind).

Die Funktion dieses Gottesbeweises besteht also zugleich darin, die Verbindung von Zweifel (und dessen Überwindung) mit dem sich selbst erfahrenden endlichen Ich, der Unendlichkeit Gottes und schließlich der Erkenntnis der Natur zu ermöglichen.

In systematischer Hinsicht ist damit ein neues, einheitliches Weltverständnis entworfen, an dessen Spitze Gott steht und das hierarchisch untergliedert ist in eine Ordnung oder Stufung des Seins: Dem göttlichen Sein sind die *res cogitans* und die *res extensa* als Seinsweisen nach- und untergeordnet. Das Neue dieser Ordnung ist der Ausgang der Fundierung vom Subjekt und dessen Erkenntnisfähigkeit und die Einordnung der Naturwissenschaft als Denken über die Natur.

40 Med. IV; AT VII.53, S. 155.

Wozu aber der Gottesbeweis? Ist er nicht ein Rückfall in mittelalterliches Denken? Das zu behaupten wäre ganz unangemessen; denn an der Existenz Gottes zweifelte im 17. Jahrhundert ohnehin niemand, ebenso wenig wie ich an meiner eigenen Existenz. Der Gottesbeweis wird vielmehr genauso wie das *cogito* nötig im Hinblick auf die *Begründung* der Erkenntnis, nun hinsichtlich des Abbildverhältnisses bezüglich der Welt. Descartes hat mit aller Schärfe gesehen, dass das Denken uns immer nur Ideen vermitteln kann, dass jede Wahrnehmung *meine* Wahrnehmung ist, Inhalt meines Bewusstseins, und dass jede Wahrnehmung damit gerade nichts über eine mich umgebende Welt auszusagen vermag. Wenn unsere Erkenntnis über den Solipsismus hinausreichen soll, wenn sie gar über eine äußere materielle Welt etwas soll ausmachen können, dann bedarf es einer Instanz außerhalb von mir, die dies leistet und absichert: Eben diese Instanz sieht Descartes in Gott. Wenn wir heute nicht mehr gewillt sind, einen solchen Weg der Erkenntnisbegründung zu gehen, bleibt uns nur der Weg der *Annahme* einer Außenwelt; aber auf diese Weise haben wir den Versuch, den Descartes unternimmt, den Versuch einer letzten Sicherung unserer Erkenntnis, längst aufgegeben.

Fragen wir nun nach den *Voraussetzungen* und damit nach der Tragfähigkeit und den Problemen des cartesischen Vorgehens. Der skizzierte Gottesbeweis, oft als *psychologischer* Gottesbeweis bezeichnet, krankt an einer ganzen Reihe von Fehlern: Er stützt sich erstens auf ein Verursachungsprinzip, das selbst begründungsbedürftig erscheint und dessen Anwendung auf das Zustandekommen von Ideen jedenfalls nicht selbstverständlich ist. Er verwendet zweitens einen Unendlichkeitsbegriff, der einer Klärung bedarf. Und er ist drittens, einem Einspruch Arnaulds folgend, zirkulär. Gehen wir diese Kritikpunkte im Einzelnen durch.

Der Beweis stützt sich auf das Verursachungsprinzip (2.) zum Realitätsgehalt von Ursache und Wirkung, das zwar ein scholastischer Lehrsatz ist, aber dennoch wohl bezweifelt werden könnte.[41] Hätte dieser Lehrsatz nicht der allgemeinen Skepsis zum Opfer fallen müssen?

Versuchen wir Descartes zunächst so weit zu verteidigen als irgend möglich. Der hinter dem Lehrsatz stehende Gedanke darf nicht mit unserem heutigen Kausaldenken verwechselt werden; hier geht es um ein ontologisches Prinzip, das folgendermaßen begründet wird:

> Die Substanz hat Attribute (und Modi).
> Das Nichts hat keine Attribute und folglich keine Modi.
> Veränderung bedeutet Veränderung eines Modus.

Veränderung kann also nur die Veränderung von etwas Bestehendem sein; denn wenn es zu einer Wirkung nicht eine dafür ›verantwortliche‹ Ursache gibt, würde eine Veränderung aus dem Nichts entstehen. Da aber das Nichts keine Attribute hat, ist derlei aus begrifflichen Gründen nach dem Widerspruchsprinzip (1.) unmöglich. Alle Veränderung hat folglich eine ihr gemäße Ursache. Das gilt selbstverständlich auch für ein Sein, d.h. für die Existenz von etwas. Auch hier muss die Ursache die Wirkung hervorbringen können, also enthalten. Folglich gilt als ontologi-

41 Vgl. Dicker, *Descartes*, S. 116–119.

sches Prinzip, dass keine Wirkung größer sein kann als ihre Ursache.

Diese Argumentation setzt Descartes als geläufig voraus; sie liegt auch allen seinen Regeln zugrunde. Für die Zeitgenossen erschien dieses Prinzip, das ja durch eine rein begriffliche Überlegung gewonnen wurde, im Grundsätzlichen nicht bezweifelbar; sie sahen die Schwierigkeit eher in der Frage, ob man *de nihilo*, über das Nichts, überhaupt etwas sagen könne: Georg Wilhelm Friedrich Hegels Problemlösung, Sein und Nichts seien im Werden eines, ist deshalb gar nicht so originell; und Jean Paul Sartres (1905–1980) Werk *L'être et le néant* geht eine von der Sophistik bis in die Scholastik reichende Diskussion über die Metaphysik als *Scientia de aliquid et de nihilo* (Wissenschaft von irgendetwas und von nichts) voraus.

Was für uns an Descartes' Argumentation heute unannehmbar erscheint, ist die Ontologisierung einer rein begrifflichen Überlegung. Und genau an dieser Stelle liegt auch der Bruch in Descartes' Beweisführung; denn wird von der *cogitatio* gesprochen, müsste dies zunächst auf die Denkinhalte, nicht aber auf die Ontologie der vorgestellten Gegenstände bezogen werden. Letzteres kann erst geschehen, wenn – auch den Idealismus von Leibniz hinter sich lassend – vermöge überbrückender Prinzipien Formen unseres Denkens zugleich als konstituierende Elemente der durch das Denken mitbestimmten Erkenntnisgegenstände aufgefasst werden. Das aber geschieht erst anderthalb Jahrhunderte später bei Kant.

Dennoch: Nach Lage der Dinge dürfte ein Gottes*beweis* an dieser Stelle von Descartes gar nicht geführt werden, denn er bedient sich fraglos der Logik, die wegen der Möglichkeit eines Täuschergottes ausgehebelt worden war. Hier hilft auch der in der Fünften Meditation noch hinzukommende ontologische Gottesbeweis nicht.

Nun böte sich als Ausweg an, nicht von einem Beweis, sondern von einer Entfaltung dessen zu sprechen, was als Einsicht dank der *notiones communes* dem Ich gegenwärtig ist. Doch selbst dann würde sich nur die Existenzsicherung eines unendlichen Wesens ergeben, nicht aber die Widerlegung der Existenz eines Täuschergottes, es sei denn, ich setzte mit der Tradition voraus, dass für den Gottesbegriff nur ›positive‹ Prädikate in Frage kommen. Dann nämlich scheidet ein Täuschergott von vornherein aus der Betrachtung aus. Im Grunde hat Descartes unter dem Druck der Kritik seiner Zeitgenossen bereits diesen Weg beschritten; dann aber bleibt nicht nur die Logik vom Zweifel unangetastet, sondern es wird auch vorausgesetzt, dass das menschliche Denken eine Unterscheidung zwischen positiv und negativ bewertenden Prädikaten treffen kann: Sie müssen ebenso wie die Logik einer willkürlichen göttlichen Festlegung entzogen sein, um keinen Raum für Zweifel zuzulassen.

Das Problem des Unendlichkeitsbegriffs, auf dem ja die Last des Gottesbeweises ruht, versucht Descartes durch eine Differenzierung zu lösen. Denn während jedes Endliche als Begrenztes auf ein Darüberhinausgehendes verweist, das damit *un-begrenzt* ist, ist der mit Gott verbundene Begriff der *Un-Endlichkeit* von ganz anderer, umfassenderer Art, ja, er erlaubt uns, recht besehen, den Begriff der Endlichkeit allererst zu denken. Ein solcher Begriff aktualer Unendlichkeit kann aber nicht von mir selbst stammen.

Dieselbe Argumentation trägt Descartes auch für den Begriff der Vollkommenheit vor, die Gott zugeschrieben wird: Ich in meiner Unvollkommenheit kann die Idee absoluter Vollkommenheit niemals selbst hervorbringen, »es liegt nämlich in der Natur des Unendlichen, dass es von mir, der ich endlich bin, nicht erfasst wird«; Descartes fügt hinzu: »und es reicht, dass ich eben dies verstehe«.[42]

Ihren Abschluss findet diese Sicht in der Ausdehnung auf den Begriff der Allmacht, den ich als endliches Wesen nicht selbst hervorgebracht haben kann; deshalb muss ein allmächtiges Wesen auch sein eigenes Sein als *causa sui* aus sich heraus hervorbringen: Es ist darum gar nicht als nicht-existierend denkbar.

Nur in dieser Verwebung von Unendlichkeit, Allmacht und Vollkommenheit gewinnt Descartes die Grundlage, den Täuschergott wegen seiner moralischen Unvollkommenheit zu eliminieren, indem er definiert:

> Gott wird diejenige Substanz genannt, die wir als die höchstvollkommene einsehen, und in der wir überhaupt nichts begreifen, was irgendeinen Mangel bzw. Begrenztheit der Vollkommenheit beinhaltet.[43]

Endlich ist zu fragen, ob Descartes nicht einem Zirkelschluss erliegt, wenn er sich auf die göttliche Wahrhaftigkeit beruft, um die Gültigkeit unserer Ideen und die Zuverlässigkeit unserer Vernunft zu begründen.[44] Arnauld hat

42 Med. III; AT VII. 46, S. 135.
43 Med., Resp. II, Rationes, Def. 8; AT VII.162, S. 170.
44 Alquié, *Descartes*, S. 83.

ihm dies vorgehalten, weil Descartes tatsächlich von der Klarheit und Deutlichkeit der Gottesidee in seiner Argumentation Gebrauch macht: Die göttliche Wahrhaftigkeit als Garant unserer Erkenntnis wird aus unserer Gotteserkenntnis abgeleitet, die ihrerseits durch deutliches Denken und klare Ideen gewonnen wurde. Descartes antwortet Arnauld, so umfassend sei der Zweifel nicht gemeint gewesen, dass Klarheit und Deutlichkeit als Garanten der Wahrheit in Frage gestellt gewesen wären; aber zumindest die ganze Erste Meditation vertritt eine andere Auffassung.

Eine Lösung lässt sich vielleicht in Folgendem sehen, auch wenn Descartes so nicht argumentiert: Sowohl die Existenz des denkenden Ich als auch die Existenz Gottes sind Gewissheiten grundsätzlich anderer Art als die aller anderen Wahrheiten; sie offenbaren sich gar nicht im diskursiven Denken, sondern sind eine so unmittelbare Erfahrung, dass für sie allein die *notiones communes* ausreichen, so dass ein Rekurs auf die göttliche Wahrheit entfällt.[45] Damit allerdings könnte man das Argument nur in folgender Abschwächung vertreten: Wenn ich nicht immer im Traum befangen sein soll, dann *muss* es eine Ursache außer mir geben, die die Wahrheit meiner Vorstellungsinhalte, d. h. der Ideen, garantiert. Das allerdings wäre sehr viel weniger, als Descartes behauptet.

Wieso aber soll ein solcher Gott, wie ihn Descartes als existierend glaubt nachweisen zu können, wahrhaftig sein und kein Lügengott? Der cartesische Grundgedanke ist subtil und lässt sich etwa so skizzieren: Lüge setzt voraus, dass man ein als wahr Erkanntes bewusst verneint. Da aber

45 Vgl. Holz, *Descartes*, S. 98 f.

Gott alles, was er will, als allmächtiges Wesen zustande bringt, kann er gar nicht lügen; denn indem er etwas anderes will, als er vorher gewollt hat, *entsteht* dieses andere. Gott kann also gar kein Betrüger sein, sonst wäre er nicht der das Sein und das Dasein erhaltende Gott. In diesem Sinne ist er immer wahrhaftig. Und in diesem Sinne können wir nicht durch einen Lügengott zu einer trügerischen Mathematik verleitet werden; vielmehr ist die Mathematik absolut sicher.

4.5 Erkenntnis und Irrtum

Der Gottesbeweis hat wie ausgeführt innerhalb der *Meditationes* eine rein erkenntnistheoretische Funktion. Die Existenz eines vollkommenen Wesens sichert, dass Gott uns als Schöpfer nicht systematisch in Erkenntnisbemühungen täuscht, mehr noch, dass eingeborene Ideen als von Gott gewollt und geschaffen denknotwendig sind und das Apriori jeder menschlichen Erkenntnis bilden.

Auch wenn wir Descartes hierin heute nicht mehr folgen, zeigt sich doch, dass auch jede andere Lösung ihren Preis fordert, sei es, wie bei Kant, in Gestalt des keineswegs unbezweifelbaren Absolut-Setzens der aristotelischen Logik als Grundlage der Kategorien in der »Transzendentalen Deduktion der Verstandesbegriffe« in seiner *Kritik der reinen Vernunft*, sei es, wie in der Evolutionären Erkenntnistheorie in Gestalt einer Theorie der Passung, die sich um nichts weniger der Überprüfbarkeit entzieht wie Descartes' Annahme eines göttlichen Willens, sei es in Gestalt eines Platonismus, der eine Sphäre ewiger Wahrheiten annimmt, die das menschliche Denken Schritt für Schritt entdeckt, sei es in Gestalt einer radikal konstruktivistischen These, nach der wir es sind, die wir im Denken diese Bereiche allererst aufspannen – um den Preis, nur mit weiteren Annahmen erklären zu können, wieso ihnen Notwendigkeit zukommt und warum die Resultate auf die raumzeitliche Wirklichkeit überhaupt anwendbar sind.

Eine Schwierigkeit, mit der sich Descartes auseinandersetzen muss, ist die folgende: Woher gibt es *Irrtum* und *Sünde*, wenn Gott Garant der Wahrhaftigkeit ist? Vor diese Schwierigkeit einer Begründung der Irrtumsmöglichkeit sieht sich jede Erkenntnistheorie gestellt, die absolute Wahrheiten zu begründen sucht. Descartes erklärt den Irrtum als etwas typisch Menschliches, als ein Durcheinanderwürfeln geistiger Akte (so in den *Regulae*) und als eine Einmischung des Willens in die reine Erkenntnis (so in den *Meditationes*), was beides möglich werde durch meine Endlichkeit und die Begrenztheit meiner Analyse.

Sehr ausführlich wird eine Typologie der menschlichen Irrtümer in den *Principia* I, § 70–75[46] entwickelt: Wir schreiben unsere Wahrnehmungen – beispielsweise Farben – direkt den Dingen zu, obwohl wir nicht wissen, was das als wahr Bezeichnete an den Dingen wirklich ist. Die Ursache hierfür, so Descartes, liegt in folgender auf die Kindheit zurückgehenden Gewohnheit: Das, was wir als angenehm oder unangenehm *empfinden*, begreifen wir nicht als Angelegenheit unseres Inneren, sondern bringen es mit den Dingen selbst in Verbindung. Ebenso können »Vorurteile […] Ursachen vielerlei Irrtümer sein« (§ 72).

46 Princ. I, AT VIII-I.34–39, S. 79–89.

Weiter »kann unser Geist nur unter Schwierigkeit und Ermüdung irgendwelchen Dingen Aufmerksamkeit schenken« (§ 73); und schließlich »binden wir beim Gebrauch der Sprache alle unsere Begriffe an Wörter, durch die wir sie ausdrücken, und behalten sie nicht anders im Gedächtnis als zugleich mit diesen Worten« (§ 74), ohne doch deshalb einen deutlichen Begriff haben zu müssen, ja, das Denken der meisten Menschen bewege sich mehr in Worten als in Dingen, so dass sie den Worten oft beistimmen, obwohl sie sie nicht verstanden haben (§ 74). Gerade die Möglichkeit, zu irren, die auf unserer Sprache beruht, hatte Francis Bacon als *idola fori*, als die Vorurteile des Marktes gekennzeichnet; zur Abwehr all der von Descartes genannten Irrtumsmöglichkeiten durch die Sprache sollte Leibniz später Überlegungen zu einer rationalen Grammatik entwickeln, einer Art Esperanto, in dem man Unsinniges nicht sagen kann.

In den *Meditationes* erklärt Descartes die Entstehung von Irrtümern folgendermaßen:

> Außerdem, wenn ich näher an mich herantrete und untersuche, von welcher Beschaffenheit denn meine Irrtümer sind (die allein eine Unvollkommenheit in mir offenbaren), so bemerke ich, dass sie von zwei zugleich zusammenwirkenden Ursachen abhängen , nämlich von dem Erkenntnisvermögen, das in mir ist, und von dem Vermögen der Wahl oder der Entscheidungsfreiheit; das heißt, sie hängen vom Verstand [*intellectus*] und zugleich vom Willen [*voluntas*] ab.[47]

47 Med. IV; AT VII.55–58, S. 161.

Die Gegenüberstellung von Verstand und Wille und der Überschuss des Willens über den Verstand werden also als Ursache des Irrtums ausgemacht.

> Denn durch den Verstand allein <behaupte ich weder etwas, noch verneine ich es, sondern> nehme ich die Ideen nur wahr, über die ich dann ein Urteil fällen kann, und keinerlei Irrtum im eigentlichen Sinn ist in ihm aufzufinden, wenn man ihn genau so betrachtet.[48]

Dagegen erfahre ich den Willen als unbegrenzt. Descartes resümiert:

> Woraus also entstehen meine Irrtümer? Doch wohl allein daraus, dass ich – da der Wille sich weiter erstreckt als der Verstand – den Willen nicht innerhalb derselben Grenzen halte, sondern ihn auch bis zu den Dingen ausdehne, die ich nicht verstehe. Und da der Wille bei diesen Dingen unentschieden ist, wendet er sich leicht vom Wahren und Guten ab, und so irre und sündige ich.[49]

So weit, so gut; aber ließe sich die Frage nicht auch folgendermaßen wenden: Warum stürzt uns Gott, wenn er denn vollkommen ist, überhaupt in Irrtümer, selbst wenn sie durch uns, durch Vorurteile und Übereilung, zustande kommen? Warum klaffen Verstand und Wille auseinander, statt uns immer nur wahre Erkenntnis zu vermitteln?

48 Ebd., Einfügung in <…>: frz. Übers., AT IX–I.45, S. 161.
49 Ebd., S. 167.

Hier gilt es, einen allgemeineren Horizont zurückzugewinnen, den wir seit der Diskussion der Regeln verlassen haben, den Horizont des Handelns. Damit ist nicht die Beziehung zwischen Irrtum und Sünde gemeint – Descartes klammert dies ausdrücklich aus;[50] sondern es geht um etwas Allgemeineres: Wille und Verstand spielen bei jeder Handlung zusammen, und dieses Zusammenspiel ist Voraussetzung von *Freiheit*. Nirgends wird deutlicher als an dieser Stelle, wieso Erkenntnis für Descartes immer auch mit einer willentlichen Entscheidung – und so mit einer Handlung, also mit einer moralischen Qualität – verbunden ist. Denn während Ideen *als* Ideen (nämlich ohne eine Abbildbeziehung) wahr sind und als solche – etwa als *notiones communes* – dem Willen entzogen sind, weil sie im Verstand einfach vorliegen, muss dort, wo sich die Idee auf eine Sache außerhalb ihrer selbst bezieht, zum Verstand etwas hinzutreten; genauer: Um daraus ein *Urteil* werden zu lassen, muss der Wille hinzutreten. Das Urteil verknüpft also nicht einfach Ideen, sondern der Wille nimmt hierzu Stellung, er weist eine von der Vernunft gegebene Verknüpfung zurück oder stimmt ihr zu. Dieses Urteil *muss* der Wille fällen,[51] denn das Leben verlangt Handeln, auch wenn wir nicht alles Wissen besitzen, das eine irrtumsfreie Entscheidung sicherstellt. Wenn es um Fragen des praktischen Lebens geht, verfügt der Mensch als endliches Wesen nie über ein vollkommenes Wissen. Anders dagegen liegen die Dinge bei Fragen theoretischer Art, in denen die Vernunft sehr wohl zureicht, solange sie nicht durch den

50 Synopsis zu Med. IV; AT VII.15, S. 49.
51 So Schmidt, *Aufklärung*, S. 146; vgl. Wilson, *Descartes*, S. 150.

Willen zur Übereilung gedrängt wird. Deshalb ist Selbstdisziplinierung durch eine Methode unverzichtbar – mit dem Ergebnis, dass der Wille, wenn das von der Vernunft Vorgelegte klar und deutlich ist, nichts anderes als dieses Vernünftige wollen kann.

Die letzte Feststellung verschärft aber das oben skizzierte Problem. Warum, wenn es im Theoretischen möglich sein kann, hat Gott die Menschen nicht so geschaffen, dass sie sich generell nicht irren? Die Antwort, die man wird geben müssen, weist in eine ganz unerwartete Richtung. Der Mensch hat wie Gott Verstand und Wille; da im Willen, wie Descartes meint, eine Begrenzung nicht möglich ist – der Wille ist nicht teilbar oder begrenzbar –, bezieht sich die Einschränkung des Menschen gegenüber Gott auf die Vernunft, während der Wille über die Vernunft hinauszuschießen vermag. Nun ist der »Irrtum, sofern er Irrtum ist, nichts Reales [...], das von Gott abhängt, sondern nur ein Mangel«[52], denn Gott hat mir nicht eine Irrtumsfähigkeit verliehen, sondern eine – allerdings nicht unendliche – »Fähigkeit zum wahren Urteilen«. Dass Gott mich hätte so schaffen können, dass Irrtum ausgeschlossen wäre, ist aber nicht von der Hand zu weisen; Descartes beantwortet das sich hier erstmals andeutende Theodizeeproblem mit dem Verweis auf die Unmöglichkeit, wegen der beschränkten menschlichen Vernunft etwas über Zwecke Gottes auszusagen.[53]

Einerseits bedeutet dies eine Begrenzung der Reichweite der Vernunft (und damit der rationalistischen These von

52 Med. IV; AT VII.54, S. 157.
53 Med. IV; AT. VII.55, S. 157.

der Verstehbarkeit der Welt); andererseits enthält Descartes' Stellungnahme neben der Zurückweisung teleologischer, ein Ziel der Entwicklung annehmender Erklärungen (wie sie der aristotelischen Naturvorstellung zugrunde lagen und wie sie für den physikotheologischen Gottesbeweis herangezogen wurden) ein Erklärungsmoment, das auf Leibniz vorweist: Die Vollkommenheit der Welt ist größer, wenn es in ihr sowohl freie wie unfreie, sowohl erkennende wie nicht erkennende Wesen gibt. Denn hätten wir keinen überschießenden Willen, so hätten wir, meint Descartes, gar keinen Willen, und damit schon gar keinen *freien* Willen:

> Denn gewiss ist es keine Unvollkommenheit in Gott, dass er mir die Freiheit gegeben hat, gewissen Dingen zuzustimmen oder nicht, von denen er keine klare und deutliche Wahrnehmung in meinen Verstand gelegt hat; aber ohne Zweifel ist es eine Unvollkommenheit in mir, dass ich diese Freiheit nicht gut gebrauche und über Dinge, die ich nicht recht verstehe, ein Urteil fälle.[54]

Freiheit wird damit in die Erkenntnistheorie integriert. Das ist ungewohnt für uns, weil wir Freiheit heute zumeist als leere Freiheit verstehen, etwas zu tun oder zu unterlassen. Das aber wird weder von Descartes noch von Leibniz noch in der Wolff'schen Schule so gesehen; frei ist der Wille für sie nur, wenn er sich durch vernünftige Einsicht leiten lässt. Freiheit ermöglicht deshalb »die größte Vollkommen-

54 Med. IV; AT VII.61, S. 173.

heit im Menschen«, weil er »der Urheber seiner Handlungen ist«.[55] So glaubt Descartes sagen zu können:

> *Der Wille eines denkenden Dinges* [*res cogitans*] *geht zwar willentlich und frei* (das nämlich ist das Wesen des Willens), *nichtsdestoweniger aber unfehlbar auf das von ihm klar erkannte Gut.*[56]

Allerdings hat sich Descartes damit zugleich eine neue Schwierigkeit aufgeladen, die die nächsten zwei Jahrhunderte die Philosophen beschäftigen sollte: Wie nämlich kann die Vernunft den Willen zur Einsicht bringen? In Gott mögen Vernunft und Wille noch bruchlos zusammengehen, im menschlichen Denken und Handeln fallen sie theoretisch wie praktisch auseinander.[57]

Von der Willensfreiheit betont Descartes, dass »in diesem unrechten Gebrauch« der Mangel liegt, der den Irrtum begründet.[58] Doch man kann noch einen Schritt weiter gehen und eine positive Kehrseite des Irrtums herausarbeiten: Erst die Irrtumsmöglichkeit führt zum Zweifel und zur hierauf aufbauenden Erkenntnissicherung; denn wie der Irrtum auf voreiligem Urteilen beruht, so gründet sich der Zweifel auf die Zurückhaltung des Urteils – etwas, das nicht möglich wäre, wenn wir keine Willensfreiheit hätten. Das optimistisch-aufklärerische Fazit ist darum am Ende eine Aufforderung zum sorgfältigen Vernunftgebrauch: Ich könne es

55 Princ. I, 37; AT VIII–I.18, S. 43.
56 Med., Resp. II, Rationes, Ax. VII; AT VII.166, S. 174.
57 Link, *Subjektivität*, S. 275 f..
58 Med. IV; AT VII.60, S. 171.

> dennoch bei aufmerksamer und oft wiederholter Meditation dazu bringen, dass ich mich dessen, so oft es der Bedarf erfordert, erinnere, und so eine gewisse Gewohnheit erwerbe, nicht zu irren. […]
> [W]enn ich Urteile zu fällen habe, meinen Willen so zurückhalte, dass er sich nur bis zu den Dingen erstreckt, die ihm vom Verstand klar und deutlich dargeboten werden, kann es in der Tat nicht geschehen, dass ich mich irre […].[59]

So schließt Descartes ganz zuversichtlich: Ich werde

> mit Sicherheit die Wahrheit erreichen, wenn ich nur hinreichend auf alles achte, was ich vollkommen verstehe, und es vom Übrigen trenne, das ich verworrener und dunkler auffasse.[60]

Was bleibt also zu erkennen? Neben den beiden Existenzerfahrungen – ich existiere, Gott existiert – sind es zunächst alle *notiones communes* des *lumen naturale*, darüber hinaus, wenn wir unseren Willen zu zügeln vermögen, alles, was klar und deutlich eingesehen werden kann: Das Wahrheitskriterium ist damit fest etabliert, auch wenn einstweilen die Durchführung der weiteren Erkenntnisbegründung aussteht; aber *das Vertrauen in das Denken ist wiederhergestellt.*

Tatsächlich geht es Descartes nirgends um einen Skeptizismus, sondern um eine Form von Erkenntnissicherung,

59 Med. IV; AT VII.62, S. 177.
60 Ebd.

die nichts als den gesunden Menschenverstand des *lumen naturale* zur Voraussetzung hat und damit aus seiner Sicht alle Vorurteile der Scholastik beiseitezuschieben vermag. In geradezu frühaufklärerischer Weise wird in der Einleitung des unvollendeten Dialogs *La Recherche de la Vérité par la lumière naturelle* dieses Vernunftvermögen jedem »kultivierten [*honnête*] Menschen« zugesprochen, um sowohl »die ersten Grundlagen für ein sicheres Wissen zu schaffen«, als auch »all die Wege zu entdecken, auf denen er sein Wissen zu größtmöglicher Entfaltung zu bringen vermag«; dies gilt jedenfalls für alle »diejenigen Erkenntnisse, welche die Tragweite des menschlichen Geistes nicht überschreiten«[61] und dem *lumen naturale*, nicht etwa dem *lumen transcendentale* – der göttlichen Offenbarung – zuzurechnen sind.[62]

Um Descartes in seiner Zeit gerecht zu werden, sollte allerdings ganz klar gesagt sein: Mit diesem Aufbau ist Gott immer aller menschlichen Erkenntnis voraus, er ist Inbegriff der Wahrheit und Wahrhaftigkeit, und er erweist sich als »unser Mentor«, der »schützend seine Hand über unser Erkennen« hält, unsere »Erkenntnisschritte leitet« und »dafür sorgt, dass wir nicht straucheln«, so Gerhart Schmidt.[63] In diesem Sinne schließt Descartes den ersten Teil der *Principia*, wir müssten uns als oberste Regel einprägen, »daß das, was von Gott offenbart wird, für das Sicherste von allem zu halten ist« – Gott als die einzige Auto-

61 *Recherche*; AT X.496 f., S. 27 und 29.

62 Vgl. G. Schmidt, »Vorbemerkung«, S. 13, in seiner Ausgabe der *Recherche*.

63 Schmidt, *Aufklärung*, S. 147.

rität, der wir mehr als unseren eigenen Urteilen vertrauen sollten.[64]

Die Sicherung der Erkenntnis durch Vermeidung des Irrtums geht nun weit über die Sicherung der Mathematik als eines bloßen Denkinhaltes hinaus, denn auch das, was wir über das Nicht-Denken, also über die Ausdehnung, die *res extensa*, denken, ist auf alle Fälle dann richtig, wenn es mathematisch dargestellt ist. Damit gelingt es Descartes, der zunächst ja nur vom Denken und der denkenden Substanz gesprochen hat, zur *res extensa*, zur ausgedehnten Substanz überzugehen. Wenden wir uns nun deren Theorie zu.

4.6 *Res cogitans* und *res extensa*

Die bisherige Darstellung deutete nur an, dass Descartes nicht einen, sondern drei Gottesbeweise in den *Meditationes* führt. Der erste ist ein um quasi-kausale Elemente ergänzter ontologischer Gottesbeweis. Seine Stellung im Aufbau der Erkenntnis lässt sich so umreißen: Der systematische Zweifel hatte zum *ego cogito* und von dort zur Substanzhaftigkeit des Denkens geführt. Dieser erste Fixpunkt war durch die *notiones communes* und das *lumen naturale* so angereichert worden, dass jener erste Gottesbeweis möglich wurde. Seine Aufgabe bestand darin, den Täuschergott auszuschließen; kein Lügengeist kann sich nun zwischen mein Denken und die mathematischen Gegenstände schieben. Damit war das Kriterium der klaren und deutlichen Erkenntnis als Wahrheitskriterium zurück-

64 Princ. I.76; AT VIII–I.39, S. 89.

gewonnen – und mit ihm die Möglichkeit gesicherter Erkenntnis überall dort, wo es um Urteile geht, die klar und deutlich sein können. Descartes führt für sie keine eigene Benennung ein; aber alle Beispiele und Gegenbeispiele zeigen, dass genau das gemeint ist, was seit Leibniz als Vernunftwahrheit oder seit Kant als Erkenntnis a priori bezeichnet wird. Eben die Urteile dieses Bereiches waren es ja, die erst durch die hypothetische Annahme eines Täuschergottes im methodischen Zweifel beiseitegeschoben und suspendiert worden waren.

Nun schließt sich dem ersten ein zweiter Gottesbeweis an, der allein die Aufgabe zu erfüllen hat, das denkende Ich – oder allgemein: die *res cogitans* – in ihrer Existenz auf Dauer zu sichern: Die Dauerhaftigkeit meiner Existenz mit dem Übergang vom *ego cogito* zur *res cogitans*, vom momentanen Ich zur Substanz, war ja in der Zweiten Meditation nicht begründet, sondern nur behauptet oder postuliert worden. Dauer, so betont Descartes, ist von Schöpfung nur begrifflich verschieden; beides setzt also Gott voraus und baut auf den Gedanken einer *creatio continua*.[65]

Der dritte Gottesbeweis, der in der Fünften Meditation entwickelt wird, ist scheinbar nichts anderes als der ontologische Gottesbeweis in seiner tradierten Form; doch tatsächlich baut Descartes eine entscheidende Ergänzung ein: Es wird nicht einfach von der Vollkommenheit Gottes auf dessen Existenz geschlossen, sondern zuvor wird sichergestellt, dass dieser Schluss nur dort möglich ist, wo das Prädikat ›vollkommen‹ dem in Frage stehenden Begriff mit Notwendigkeit zukommt. Das aber gilt nur für den Gottes-

65 Princ. I.21; AT VIII–I.13, S. 29.

begriff; denn während sich ein Berg genauso gut als ›vollkommen‹ wie ›unvollkommen‹ denken lässt, kann Gott stets nur als ›vollkommenes Wesen‹ gedacht werden: Das Prädikat der Vollkommenheit kommt Gott also mit Notwendigkeit zu.

Warum aber führt Descartes einen dritten Gottesbeweis, warum auch betont dieser die Vollkommenheit? Die Antwort lässt sich aus dem Aufbau der *Meditationes*, genauer: aus dem schrittweisen Abbau des Zweifels im Rückgang zum Ausgangspunkt, dem Zweifel an der sinnlichen Wahrnehmung, erklären. So ist der Beweis eingebettet in die Fünfte Meditation mit dem Titel »Vom Wesen der materiellen Dinge und nochmals von der Existenz Gottes«. Er dient also der Rückgewinnung jener Urteile, die als Erste bezweifelt worden waren, der Urteile über die Welt. Doch dies kann unmöglich bedeuten, die Sinneswahrnehmung insgesamt zu rehabilitieren, etwa dergestalt, dass wir uns – wie bei der Mathematik – nur des vorschnellen Urteils zu enthalten hätten. Vielmehr muss zuallererst klargelegt werden, wo und wie wir bezüglich der Welt zu Erkenntnissen zu gelangen vermögen, ja, wie sich uns die Außenwelt überhaupt darstellt. Schließlich hatte Descartes schon am Ende der Zweiten Meditation am Wachsbeispiel verdeutlicht, dass sich Wesensmerkmale des Wachses nicht durch die Sinne wahrnehmen lassen:

> Betrachten wir jene Dinge, von denen man gemeinhin glaubt, dass sie von allen Dingen am deutlichsten verstanden werden: nämlich die Körper, die wir berühren, die wir sehen; nicht allerdings die Körper im Allgemeinen – denn diese allgemeinen Wahrnehmungen pflegen

bedeutend verworrener zu sein –, sondern einen Körper im Besonderen. Nehmen wir zum Beispiel dieses Wachs: Es wurde gerade aus den Honigwaben gewonnen; es hat noch nicht allen Geschmack seines Honigs verloren; es behält noch etwas von dem Geruch der Blumen, aus denen es gesammelt wurde; seine Farbe, Form, Größe sind offenkundig; es ist hart, es ist kalt, ist leicht anzufassen und wenn du mit dem Knöchel darauf schlägst, gibt es einen Klang von sich; kurz, es ist bei ihm alles vorhanden, was erforderlich zu sein scheint, damit irgendein Körper so deutlich wie möglich erkannt werden kann. Aber siehe da: Während ich gerade spreche, wird es in die Nähe eines Feuers gebracht: Der restliche Geschmack vergeht, der Geruch verflüchtigt sich, die Farbe verändert sich, die Form verschwindet, die Größe nimmt zu; es wird flüssig, es wird heiß; es kann kaum berührt werden und wenn du darauf schlägst, wird es kein Geräusch mehr machen. Bleibt es noch dasselbe Wachs? Man muss zugeben, dass das der Fall ist; niemand verneint es, niemand denkt anders. Was an ihm war es also, das so deutlich verstanden wurde? Gewiss nichts von dem, was ich mit den Sinnen erreichte; denn was immer unter den Geschmack, den Geruch, den Gesichtssinn, das Gefühl oder das Gehör fiel, hat sich nun geändert: Es bleibt das Wachs.

Vielleicht war es das, was ich nun denke: dass nämlich das Wachs selbst sicherlich nicht diese Süße des Honigs, nicht der Duft der Blumen, nicht diese weiße Farbe, nicht die Gestalt, nicht der Klang war, sondern ein Körper, der mir kurz vorher mit diesen verschiedenen Weisen ausgezeichnet erschien und nun mit anderen. Was

> ist es aber genau, das ich mir so einbilde? Richten wir unsere Aufmerksamkeit darauf, und, nachdem wir dasjenige weggenommen haben, was nicht zum Wachs gehört, schauen wir, was übrigbleibt: offenbar nichts anderes als etwas Ausgedehntes, Flexibles, Veränderliches.[66]

Descartes schließt hieraus, dass »selbst die Körper nicht eigentlich von den Sinnen oder von der Einbildungskraft wahrgenommen werden, sondern vom Verstand allein«[67]. Doch es steht aus, zu untersuchen, »ob materielle Dinge existieren«[68].

Das Wachsbeispiel hat deutlich werden lassen, dass das, was dem Körper notwendig zukommt, nicht in dieser oder jener wahrnehmbaren Eigenschaft bestehen kann, sondern allein in dem, was den verschiedenen Zuständen gemeinsam ist, nämlich in der Ausdehnung.[69] Descartes zielt nun darauf, zu zeigen, dass die Ausdehnung eine Substanz ist, die *res extensa*, die der *res cogitans* an die Seite zu stellen ist.

Damit ist nun eine Zwei-Substanzen-Theorie entstanden, deren Schwierigkeiten die Philosophie bis heute beschäftigen: Substanzen sind nach traditioneller Auffassung dadurch gekennzeichnet, dass sie gänzlich selbständig und unabhängig voneinander sind – also in keiner Weise aufeinander einzuwirken vermögen. Das aber führt mit der Gegenüberstellung von *res cogitans* und *res extensa* zum Leib-Seele- oder Körper-Geist-Problem: Wie soll unter

66 Med. II; AT VII.30 f., S. 89, 91.
67 Med. II; AT VII.34, S. 99.
68 Med. VI; AT VII.71, S. 201.
69 Vgl. Perler, *Descartes*, S. 96.

solchen Bedingungen ein Zusammenhang beider Seiten gestiftet werden? Getreu Descartes' Entfaltung der Problematik vom denkenden Subjekt her lässt sich eine solche Ergänzung nicht einfach nur behaupten bzw. postulieren; sie muss Schritt für Schritt aufgebaut und entfaltet werden.

Wiederum geht Descartes davon aus, dass wir fraglos Vorstellungen haben. Da sie vielfach klar erkannt werden, sind sie darum irgendetwas und nicht ein reines Nichts.[70] Die Schwierigkeit besteht nun darin, von den Vorstellungen zu Urteilen zu gelangen, die in einer Abbildbeziehung zu ihrem Gegenstandsbereich stehen. Ähnlich der Verbreiterung des *cogito* durch das *lumen naturale* und die *notiones communes* untersucht Descartes zunächst die *Fähigkeiten* des Geistes, nun aber solche, die mit derjenigen Erkenntnis verbunden sind, die wir mit der sinnlichen Wahrnehmung verknüpfen. Zu diesen »modi cogitandi« zählen natürlich die *Verstandestätigkeit* (*intellectus*)[71] und die *Erinnerung* (*memoria*)[72], die beide schon bei mathematischen Beweisen erforderlich sind;[73] doch nun treten die *Einbildungskraft* (*imaginatio*) und die *Empfindung* (*sensus*) hinzu.[74] Ähnlich der Unterscheidung der Arten der Vorstellungen als Anknüpfungspunkt für den ersten Gottesbeweis soll diese Differenzierung hier den Rückschluss auf die Existenz der Körper ermöglichen. Zu Beginn der Sechsten Meditation formuliert Descartes knapp die These, die Einbildungskraft sei »nichts anderes [...] als

70 Med. V; AT VII.64, S. 183.
71 Med. II; AT VII.27, S. 80 und Med. VI; AT VII.72, S. 228.
72 Med. V; AT VII.69, S. 246.
73 Vgl. Schneider, *Das mechanistische Denken*, S. 348 ff.
74 Med. VI; AT VII.71, S. 200, 74, 206.

eine gewisse Anwendung des Erkenntnisvermögens auf den Körper, der ihm am innigsten präsent ist und daher existiert«[75]. Dies gilt es zu begründen.

Die Einbildungskraft ist die Fähigkeit, mir »mit dem Blicke meines Geistes« etwas unmittelbar vor Augen zu rücken. Descartes' etwas unglücklich gewähltes Beispiel lautet: Ein Dreieck könnten wir uns denken und vorstellen, bei einem Tausendeck hingegen habe ich Schwierigkeiten, es mir bildlich, als Einbildung, vorzustellen; doch worauf es ankommt, ist die »gewisse besondere Anstrengung des Geistes«, deren wir bei der Einbildung – anders als beim Denken – bedürfen.[76] Die entscheidende Differenz zur Verstandestätigkeit besteht in zweierlei, erstens nämlich darin, dass sich die Einbildung im Geiste immer »auf den Körper richtet«, und zweitens, dass sie zum Wesen meiner selbst – also zur Essenz der *res cogitans* – »nicht erforderlich« ist.[77] Damit, so Descartes, kann ich es immerhin für *wahrscheinlich* halten, dass die mir in der *imaginatio* vorgestellten Körper tatsächlich existieren – doch weiter komme ich zunächst nicht.

Nun besitzen wir als Einbildung nicht nur Gegenstände der Geometrie, sondern geradeso »Farben, Klänge, Geschmackseigenschaften, Schmerz und Ähnliches«, wenngleich »nichts in so deutlicher Weise«[78]. Das aber sind Empfindungen. Sie haben durchaus auch ihre Art von Deutlichkeit; aber diese ist nicht begrifflicher Natur, sondern besteht in deren Lebendigkeit und Ausdruckskraft,

75 Med. VI; AT VII.72, S. 201.
76 Med. VI; AT VII.72 f., S. 203.
77 Med. VI; AT VII.73, S. 205.
78 Med. V; AT VII.74, S. 207.

der wir uns nicht zu entziehen vermögen.[79] Vor allem aber sind sie immer mit meinem Körper verbunden, denn es sind *meine* Empfindungen: *Ich* fühle den Schmerz, ich habe Hunger; hingegen fühle ich keinen Schmerz oder keinen Hunger eines Körpers, der mir nicht zugehört. Nun aber argumentiert Descartes ganz analog zur Begründung der Existenz des Ich: Denn wenngleich ich von all diesen Einbildungen und Empfindungen keine klare und deutliche (Urteils-)Erkenntnis habe, ja, mich als Ich sehr wohl ohne sie denken kann, so lassen sie sich »umgekehrt nicht ohne mich verstehen«, d. h. »ohne eine verstehende Substanz, in der sie sind«.[80]

Was noch fehlt, ist der Schlussstein der Argumentation: Es muss eine Nötigung hinzutreten anzuerkennen, dass all den beschriebenen Erfahrungen tatsächlich etwas Körperliches außerhalb von mir korrespondiert. Bislang ist nicht mehr gegeben als die Fähigkeit, Vorstellungen von Sinnesdingen zu besitzen. Doch da diese passiv, nämlich rezeptiv ist, muss ihr nach dem Verursachungsprinzip eine aktive Fähigkeit entsprechen, welche die Vorstellungen hervorbringt. Da ich dazu weder durch meine Denktätigkeit noch durch meinen Willen in der Lage bin, weil diese Vorstellungen ohne mein Zutun hervorgerufen werden, »bleibt nur, dass es [diese aktive Fähigkeit] in einer anderen, von mir verschiedenen Substanz ist«[81]. Doch auch dies reicht noch nicht zu, denn entsprechend der Theorie eminenter Ursachen könnte die Vorstellung ja auch von Gott in mir

79 Med. VI; AT VII.75, S. 209.
80 Med. VI; AT VII.78, S. 219.
81 Med. VI; AT VII.79, S. 221.

hervorgerufen sein – eine Lösung, die Malebranche später ausbauen sollte. Um diesen Umweg nicht gehen zu müssen, stützt sich Descartes wiederum auf die Ergebnisse des Gottesbeweises. Da Gott kein Betrüger ist und uns »eine starke Neigung« eingepflanzt hat, »zu glauben, dass sie von körperlichen Dingen ausgesandt« werde, zieht er das Fazit: »Und daher existieren körperliche Dinge«[82].

Nach dem Beweis der Existenz des Ich und der Existenz Gottes ist dies der dritte Existenzbeweis. Einstweilen aber ist weder gesagt, *wie* die Körper existieren, noch, wieso und wieweit ich sie durch sinnliche Wahrnehmung zu erkennen vermag. Denn dass die Körper so sind, wie ich sie wahrnehme, ist nicht zu erwarten, weil »dieses Erfassen der Sinne in vielen Fällen sehr dunkel und verworren ist«[83].

Eine Form der Erkenntnis allerdings ist auch in Bezug auf die Körper nicht bezweifelbar – das,

> was ich [an ihnen] klar und deutlich erkenne, d. h. alles, allgemein betrachtet, was im Objekt der reinen Mathematik [oder – wie es in der französischen Übersetzung heißt – der theoretischen Geometrie] enthalten ist.[84]

Hier schließt sich der Kreis zu den *Regulae* und zu Galileis These, das Buch der Natur sei in mathematischen Zeichen geschrieben – nicht im Sinne einer bloßen Voraussetzung, sondern im Zuge einer äußerst subtilen und wirkungsvollen erkenntnistheoretischen Begründung. Dasjenige, was

82 Med. VI; AT VII.79 f., S. 223.
83 Med. VI; AT VII.80, S. 223.
84 Med. VI; AT VII.80, S. 223 bzw. IX-I.63.

wir an der Körperwelt mathematisch-geometrisch erfassen, gilt in ihr und ist gesicherte Erkenntnis. Diese aber betrifft das Wesen der Körper, nämlich deren Ausdehnung. Ausdehnung ist rein geometrisch und damit rein mathematisch fassbar; für den Körper als *res extensa*, und nur, soweit es sich hierum handelt, ist eine mathematische Behandlung der Natur in ihrer Gesetzlichkeit möglich. Dies kann im Denken gelingen, weil der Verstand auch unabhängig vom Körper in der Mathematik zu wahren Aussagen zu gelangen vermag.

Was Descartes damit entwickelt, hat das gesamte neuzeitliche naturwissenschaftliche Denken entscheidend geprägt. Denn dass Wachs nur als Ausgedehntes in der Vielfalt seiner Eigenschaften fassbar wird, bedeutet gerade, sich von dem sinnlich Wahrgenommenen vollkommen zu lösen. Eine Theorie der Physis, die gesicherte Erkenntnis ist, muss in einem völlig abstrakten Raum des Denkens errichtet werden; nur so ist deren Einheit und deren notwendige Geltung gewährleistet. Ein theoretischer, durch und durch rationaler Aufbau tritt an die Stelle des unmittelbar Gegebenen in der Fülle seiner Sinnlichkeit.

Das Unerwartete dieses neuen Verständnisses der Erkenntnis der Natur besteht deshalb in der mit ihr verbundenen Anwendbarkeit, die Isaac Newtons (1643–1727) axiomatische Physik ebenso ermöglichen sollte wie die verwissenschaftlichte Technik der Gegenwart. Zugleich hat die Ablösung vom je Gegebenen seinen Preis, denn in solcher Abstraktion verlieren wir nicht nur die Qualität des Wahrgenommenen und die Fülle der Sinnlichkeit zugunsten quantitativ-funktionaler Beziehungen – von der Lebenswelt des Individuums bleibt nichts mehr zurück. Theoretische Naturwissenschaft dringt in die Tiefe der Materie geradeso wie in die Unermesslichkeit des Kosmos, ohne doch damit die Lebensfülle eines Biotops überhaupt als Problem formulieren zu können. Dies ist der Preis, der für die ungeahnte Fruchtbarkeit der neuen Denkweise zu zahlen war. Doch vergessen wir nicht, dass im Gegenzug auch der andere Zweig neuzeitlichen wissenschaftlichen Denkens entstand, jener, der nicht nach der Mathematisierung der Natur, sondern nach der Einmaligkeit und Geschichtlichkeit des Individuums fragte, jener Zweig, der sich mit gleichem Recht auch auf Descartes berufen konnte und der, gestützt auf Leibniz, das Besondere und Einmalige in seiner Unwiederholbarkeit zum Thema machte und damit an der Schwelle zum 19. Jahrhundert die Geisteswissenschaften ermöglichte.

Mit der Kennzeichnung des Wesens der Körper als *res extensa* ist eine Plattform für die Erkenntnis der Welt gewonnen, die allerdings einstweilen kaum größer ist als jene, die hinsichtlich des Denkens mit dem bloßen Existenzbeweis der *res cogitans* erreicht war. Die *res extensa* ist Substanz, und zwar die ausgedehnte, nicht denkende Substanz. Als Ausdehnung ist sie im Denken mathematisch-geometrisch erfassbar.

Wie aber steht es um die Dignität der Sinneswahrnehmungen, deren Unabhängigkeit von meinem Denken und Wollen doch gerade den Existenzbeweis der Körper ermöglichte? Etwas müssen sie mir doch von der »von Gott instituierte[n] Ordnung der geschaffenen Dinge«[85] vermitteln!

85 Med. VI; AT VII.80, S. 223.

Wieder beginnt Descartes beim Subjekt, nun bezogen auf den eigenen Körper, der mir in unverwechselbarer Weise näher ist als jeder andere Körper. Mein Denken ist mit meinem Leib nicht verbunden wie ein Schiffer mit seinem Schiff (denn während ich eine Schädigung meines Leibes als unmittelbaren Schmerz erfahre, erfährt kein Kapitän ein Leck direkt als einen physischen Schmerz), sondern mein Denken und mein Leib »durchdringen« einander gleichsam und bilden »ein Ganzes«.[86]

Phänomenologisch hat Descartes damit zutreffend das ausgezeichnete Verhältnis von Leib und Seele beschrieben; aber kann er, was er sagt, auch einlösen? Wie soll es eine Einheit von Körper und Seele geben, wie sollen beide einander durchdringen? Und wieso kann mich dies »die Natur lehren«?

Descartes beantwortet die aufgeworfenen Fragen mit einer einschränkenden Erläuterung: Natur bedeute in diesem Zusammenhang nur das, »was mir, als aus Geist und Körper Zusammengesetztem, von Gott verliehen wurde«.[87] Damit postuliert Descartes letztlich das, was in der Tradition *unio substantialis* genannt worden war, die Einheit des Ich aus Leib und Seele. Doch für sie gibt es in der cartesischen Substanzenlehre keinen Platz; denn weder ist mein Körper eine Substanz – vielmehr hat er teil an der *res extensa* –, noch kann mein Ich Substanz sein, wenn es Teil der *res cogitans* ist. Wir stoßen so abermals auf das nicht aufgelöste Spannungsverhältnis zwischen dem Ich als meditierendem, zugleich aber körperlichen Subjekt, das die

86 Med. VI; AT VII.81, S. 239.
87 Med. VI; AT VII.82, S. 229.

Zweifelserfahrung macht, und der daraus entwickelten Substanzontologie.

Noch gravierender wird die Schwierigkeit, wenn eine Wechselwirkung zwischen beiden Substanzen erklärt werden soll, denn fraglos lehrt mich die Natur, dass ich meinen Arm heben kann, wenn ich will (und es keine mich hindernden Umstände gibt). Descartes meint zwar, im Gehirn etwas gefunden zu haben, das als Sitz des die verschiedenen Sinne verbindenden Gemeinsinnes auch hier vermittelt – nämlich die Zirbeldrüse oder Epiphyse[88] –, doch angesichts einer denkenden, nicht ausgedehnten und einer ausgedehnten, nicht denkenden Substanz kann es, ontologisch gesehen, nichts geben, das zwischen beiden vermittelte, weil es dazu an beiden Seiten teilhaben müsste.

Unterschiedliche Möglichkeiten sind in der Descartes-Nachfolge und in der Descartes-Deutung erwogen worden, mit dem angeschnittenen Problem umzugehen. Die beiden Radikallösungen, nur den Körper oder nur die Seele für existierend zu erklären, scheiden aus, wenn nicht das ganze cartesische Begründungsgefüge und der Gedanke einer leiblich-seelischen Einheit zusammenbrechen sollen. Zugleich ist zu bedenken, dass Descartes sowohl die *res cogitans* als auch die *res extensa* als Teil der von Gott geschaffenen Welt betrachtet, so dass sie nicht Substanzen im Vollsinne der traditionellen Ontologie sein können: Sie hängen von Gott ab, dem im Grunde allein zugesprochen werden kann, Substanz zu sein: Aus diesem Grunde wird gelegentlich auch von einer Drei-Substanzen-Lehre Descartes' gesprochen.

88 *L'Homme*; AT XI.179 ff., S. 281.

Doch überzeugender ist eine Deutung, wie sie u.a. Wolfgang Röd (1926–2014) vertritt:[89] Der Unterschied, den wir die ganze Zeit als ontologische Differenz gesehen haben, ist nur epistemischer Natur, er beruht auf einer begrifflichen Unterscheidung an der vorfindlichen leibseelischen Einheit. So gesehen stellt sich das Problem dem natürlichen Bewusstsein gar nicht, »erst die methodische Reflexion schafft den Unterschied«. Tatsächlich betonen dies Descartes' Antworten auf kritische Einwände Elisabeths und Egmonts – aber es würde in Frage stellen, was Descartes an traditionellen substanztheoretischen Vorstellungen in seine Erkenntnisbegründung integriert hat. So sollte gerade dieses Problem nicht heruntergespielt, sondern als cartesisches »Restproblem«[90] gesehen werden, das die nachfolgende Entwicklung – also den Okkasionalismus, das Denken Spinozas und Leibnizens – entscheidend bestimmte und das sich heute in der Auseinandersetzung um das Leib-Seele-Problem und die künstliche Intelligenz nur ein neues Kleid übergestreift hat.

89 Röd, *Descartes*, 1. Aufl., S. 165; 3. Aufl., S. 141.

90 G. Krüger, »Einleitung«, in: Leibniz, *Die Hauptwerke*, Stuttgart 1958, S. XIV f.

5 Die neuen Wissenschaften

Nach der Beantwortung der Begründungsfrage wird es möglich, sich einem Leitgedanken zuzuwenden, den Descartes in den *Principia* in einem Bilde ausdrückt. In dem der französischen Übersetzung vorangestellten Schreiben an Claude Picot heißt es:

> Die ganze Philosophie ist einem Baume vergleichbar, dessen Wurzel die Metaphysik, dessen Stamm die Physik und dessen Zweige alle übrigen Wissenschaften sind, die sich auf drei hauptsächliche zurückführen lassen, nämlich auf die Medizin, die Mechanik und die Ethik.[1]

Schon mit seinem *Discours* beansprucht Descartes keineswegs, eine bloße Methodenlehre entwickelt oder gar den vollen Umkreis des zu Begründenden abgeschritten zu haben, wohl aber so etwas wie eine »Nachricht« von seinem Vorgehen zu geben, die den Wert der Methode zu erkennen erlauben soll.[2] Das Ziel wird an einem Arbeitstitel deutlich, den er in einem früheren Brief nennt, nämlich: »Projekt einer universellen Wissenschaft, die unsere Natur zu ihrem höchsten Vollkommenheitsgrad zu erheben vermag«;[3] den Beleg für die Fruchtbarkeit sollten bereits die dem *Discours* beigefügten Anlagen als Beispiele liefern. In den *Meditationes* tritt dies scheinbar zurück, tatsächlich

1 AT IX-II.14.
2 Brief an Mersenne, März 1637; AT I.349, Briefe 77.
3 Brief an Mersenne, März 1636; AT I.339, Briefe 75.

aber schreibt Descartes: »diese sechs Meditationen enthalten alle Grundlagen meiner Physik«.[4]

Doch der Anspruch geht darüber hinaus; selbst die *Principia* erfüllen ihn noch nicht, weil nur Teile – von der Grundlegung der Physik und Mechanik über Vorstellungen des Kosmos bis hin zu den besonderen Mischungsformen der Materie – zur Darstellung kommen; was aber ausgespart bleibt, ist die Besonderheit lebender Körper, die einerseits ausgedehnt, andererseits der Empfindungen fähig sind. Descartes hatte seit der Zeit des *Discours* immer angekündigt, diese Problematik behandeln zu wollen; in den *Passions de l'Âme* wird ein Teil eingelöst, während ein anderer, die Fortführung des *Traité de l'Homme* in der *Description du Corps Humain*, nicht vollendet werden sollte. Dennoch bilden alle Teile des Werks, von der Mathematik einschließlich der Geometrie und der Physik über die Medizin bis zur Ethik, eine Einheit, die erst das Anliegen Descartes', seine Stoßrichtung und letztlich auch die nachfolgende Wirkungsgeschichte verständlich machen: Wurzel, Stamm und Geäst bilden nicht je für sich, sondern nur zusammen den lebensfähigen Baum der Erkenntnis.

5.1 Geometrie und Mathematik

Descartes suchte nach einer Begründung allen Wissens in klaren und deutlichen Ideen. Das Muster und Vorbild für ihn waren schon in den *Regulae* mathematische Vorgehensweisen auf dem Weg zu einer *mathesis universalis*, einer

4 Brief an Mersenne, 18. Januar 1641; AT III.297 f., Briefe 233.

Einheit der Wissenschaften. Von ihr sollten, wie er Beeckman 1619 schrieb, alle Probleme gleich welcher Art, doch ihrer jeweiligen Natur entsprechend, gelöst werden können, wobei er arithmetische und geometrische Probleme und deren Lösung als Ausgangspunkt wählt.[5] So wurde oben in Abschnitt 3.2.3 aus dem *Discours* jene Passage wiedergegeben, die im Vorgehen der Geometer das Vorbild sieht.

Nun ist *La Géométrie*, Descartes' einzige Veröffentlichung zur Mathematik, dem *Discours* als Anhang beigegeben. Ein Leser mochte deshalb erwarten, hier etwas über die Regeln zur Erkenntnisbegründung zu erfahren. Aus der Sicht der vier Jahre später erschienenen *Meditationes* könnte der Interessierte etwas über eingeborene Ideen erhoffen oder eine Erläuterung des Zusammenhangs von *res cogitans* in Gestalt der Mathematik und Geometrie mit der *res extensa*, da doch geometrische Figuren solche Strukturen darstellen, die dazu dienen, die *res extensa* zu erfassen; geradeso könnte es um eine Erkenntnisbegründung in einem Axiomensystem gehen, dessen Muster Euklid geschaffen hatte – doch nichts dergleichen ist in der Schrift zu finden.

Ebenso mag man verwundert feststellen, dass sich darin manche Schritte keineswegs zu einem vollständigen Beweis runden; ja, man mag zögern, sich mit *La Géométrie* zu beschäftigen, wenn Descartes dort in einer Vorbemerkung schreibt, er befürchte, dieses Werk könnten »nur diejenigen lesen, die bereits wissen, was in den Büchern über Geometrie steht«[6].

Verstärkt wird dies durch den letzten Satz der *Géométrie*:

5 AT X.156 f.
6 Géom. I; AT VI.368, S. 312.

> Ich hoffe, dass unsere Nachfahren mir dankbar sein werden, und zwar nicht nur für die Dinge, die ich hier erklärt habe, sondern auch für die, die ich absichtlich ausgelassen habe, um ihnen das Vergnügen zu lassen, sie herauszufinden.[7]

Dabei handelt es sich um ein Werk, das mathematikgeschichtlich von herausragender Bedeutung ist, weil es die gänzlich neue Analytische Geometrie und – damit unmittelbar verbunden – die Klassifizierung und Darstellung algebraischer Gleichungen entwickelt. Doch trotz dieser faszinierenden, epochalen Erfindung wird diese in *La Géométrie* in einer Weise vorgetragen, welche Erwartungen an ein begründendes schrittweise aufbauendes Lehrbuch enttäuscht. Der Aufbau, der dem Werk fraglos zugrunde liegt, verfolgt einen anderen Zweck.

Warum also hat Descartes diese Schrift dem *Discours* beigegeben? Gewiss kann *La Géométrie* als Beleg seiner Methode gesehen werden, denn es geht ihm – wie er Mersenne 1636 in einem Brief erläutert – um viel Grundsätzlicheres: Der *Discours* ist »der Plan einer allgemeinen Wissenschaft, die unsere Natur zu ihrem höchsten Vollkommenheitsgrad erheben kann«, und die Dioptrik [Lichtbrechung], die Meteore [Himmelserscheinungen] und die Geometrie seien von ihm als die wichtigsten Stoffgebiete ausgewählt worden, »um als Beweis für die [...] vorgeschlagene allgemeine Wissenschaft zu dienen«[8]. In diesem Geiste wird eine ganz neue Gestalt der Geometrie vorgestellt – eben die Analytische

7 Géom. III; AT VI.485, S. 412 f.
8 Brief an Mersenne, 1636, AT I.339; Briefe 75.

Geometrie, die es erlaubt, geometrische Formen und Kurven in mathematischen Gleichungen zu erfassen, Ordnungssysteme für sie zu erstellen und schlüssige Beweise zu ermöglichen.

Das aber bedeutet, seit der Antike sorgsam Geschiedenes, ja Heterogenes, nämlich die Geometrie als den Bereich des Messbaren und die Arithmetik als den Bereich des Zählbaren aufeinander zu beziehen. Dabei geht es ihm nicht um ein Axiomensystem oder dessen Erweiterung, sondern im Sinne einer intuitionistischen Methode um das Verhältnis von Repräsentation und den Regeln ihrer Konstruktion als Erkenntnisgegenstand.[9]

Betrachten wir Descartes' Vorgehen in *La Géométrie* genauer: Das Werk umfasst drei Bücher, das erste behandelt seinem Titel nach Konstruktionen, die nur Kreise und Geraden verwenden, faktisch jedoch die Algebraisierung der Geometrie, das zweite betrifft Kurven, genauer das Verhältnis von Funktionen zu ihrer geometrischen Darstellung, während im dritten die Lösung von Gleichungen höheren Grades im Zentrum steht.

Buch I geht aus vom Elementarsten in der Geometrie, den Geraden (einschließlich der Strecken). So leitet Descartes es mit der These ein:

> Alle Probleme der Geometrie lassen sich leicht auf solche Ausdrücke zurückführen, daß es hinterher nur noch nötig ist, die Länge bestimmter Geraden [*lignes droites*, hier: ›Strecken‹] zu erkennen, um sie zu konstruieren.[10]

9 Grosholz, *Cartesian Method*, S. 2.
10 Géom. I; AT VI.369, S. 315.

Der Begriff ›gerade Linie‹ erfüllt fraglos die Bedingungen von Klarheit und Deutlichkeit, er entspricht damit Descartes' methodischen Anforderungen – aber wie soll er als Grundbegriff den Aufbau der gesamten Geometrie leisten können, wo bleiben Euklids Bedingungen zum Zusammenhang von Punkt und Strecke, Schnittpunkt und Winkel? Wie steht es um den Kreis, der doch nicht aus Strecken besteht – und dieses, obwohl Descartes schon eine Seite weiter an einer Abbildung mit einem Halbkreis und unter Verwendung des pythagoreischen Lehrsatzes die Darstellung der Quadratwurzel einführt?[11]

Wie passt das zusammen? Zweierlei ist dazu anzumerken – zum Ersten wird deutlich, dass es Descartes nicht um einen axiomatischen Aufbau geht, zum Zweiten, dass er im Grunde von Anbeginn voraussetzt, dass ein Kreis geradeso wie jede Kurve in einer Gleichung darstellbar ist, und das bedeutet: durch Streckenangaben als Koordinaten. Genau diese Weitung der Geometrie zur analytischen Geometrie ist der ihn leitende Gedanke.

Damit Geometrie algebraisch erfassbar wird, müssen im ersten Schritt arithmetische Operationen auf die Geometrie übertragen werden, um eine Entsprechung zwischen geometrischen Kurven und arithmetischen Gleichungen zu gewinnen. So führt Descartes Addition, Subtraktion, Multiplikation, Division und Wurzelziehen von Strecken unter Annahme einer jeweils gewählten Strecken-Einheit ein. Dabei bezeichnet etwa der Ausdruck aa oder a^2 als Multiplikation der Strecke a gänzlich gegen die Tradition nicht mehr eine Fläche, sondern eine Strecke. Positiv ge-

11 Grosholz, *Cartesian Method*, S. 19 f.

wendet bedeutet dies: Die Bindung der Geometrie an Dimensionalität wird überwunden.[12]

Die Multiplikation beispielsweise gründet Descartes folgendermaßen auf Längenverhältnisse:

> Es sei zum Beispiel *AB* die Einheit. Ist *BD* mit *BC* zu multiplizieren, muss ich nur die Punkte *A* und *C* verbinden, dann *DE* parallel zu *CA* ziehen, und *BE* ist das Produkt dieser Multiplikation.[13]

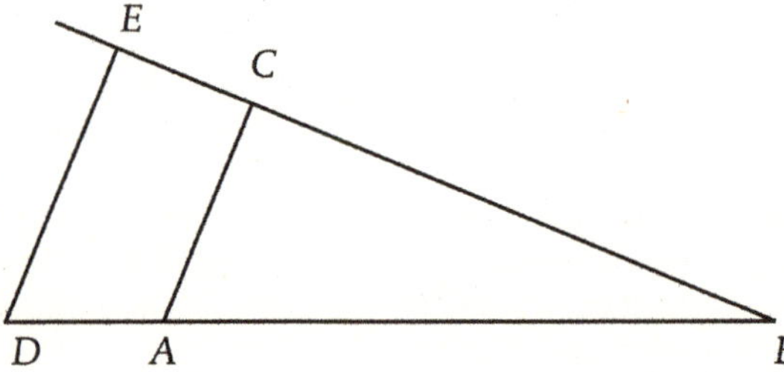

Abb. 1: Einführung der Multiplikation[14]

Wenden wir uns nun Descartes' zentralem Beispiel zu: Ihm waren geometrische Theoreme seiner Zeit wohl schon in La Flèche begegnet, doch mit dem so genannten Pappus-Problem wurde er erst 1631 bekannt. Es wurde ihm zum Ausgangspunkt seiner neuzeitlichen algebraisierten

12 Mancosu, *Philosophy*, S. 67.
13 Géom. I; AT VI.370, S. 316.
14 Géom. I, AT VI.370, S. 315.

Geometrie und zieht sich wie ein roter Faden durch Buch I und II von *La Géométrie.*

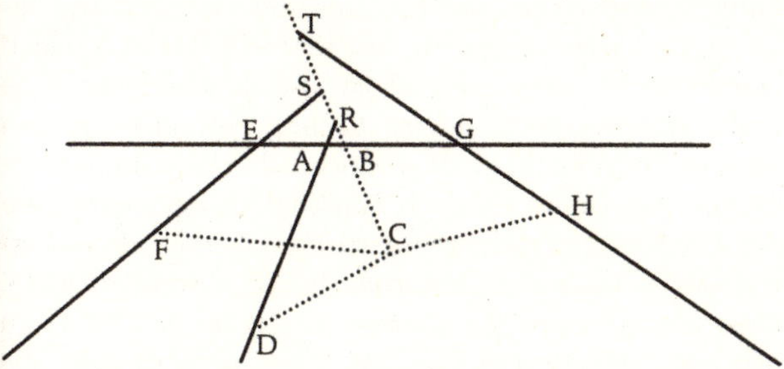

Abb. 2: Pappus-Problem mit vier Geraden[15]

Pappus nahm ein auf Apollonius zurückgehendes Problem auf, das in Descartes' Formulierung der Verallgemeinerung folgender Aufgabe besteht: Es seien vier (oder mehr) sich schneidende Geraden *AB*, *AD*, *EF* und *GH* gegeben. Es gilt, Punkt *C* (genauer, den geometrischen Ort aller Punkte in Gestalt einer Geraden oder Kurve) zu finden, der von diesen Geraden in den Distanzstrecken *CB*, *CF*, *CD* und *CH* entfernt ist, für die erstens gilt, dass sie mit den Geraden die geforderten Winkel *CBA*, *CDA*, *CFE* und *CHG* bilden, und für die zweitens gilt, dass die Distanzlinien in einem bestimmten Verhältnis zueinander stehen (genauer und in Descartes' algebraisierten Fassung der Bedingung: das Produkt der Multiplikation zweier Distanzlinien ist

15 Géom. I; AT VI.382, S. 326.

gleich dem Produkt der beiden anderen Distanzlinien – etwa $CB \cdot CF = CD \cdot CH$).

Die zeichnerische Lösung im Sinne einer Punkt-für-Punkt-Konstruktion war für drei und vier Geraden bekannt. Descartes sah jedoch, dass für mehr als vier Geraden eine solche Lösung unmöglich ist, so dass eine algebraische und damit zugleich sichere Lösung gefunden werden musste:[16] eine mathematikgeschichtlich fraglos interessante Aufgabe, führte sie doch zunächst zu Kegelschnitten, dann zu weiteren nicht-geometrischen Kurven, deren systematische Ordnung Descartes als Ziel formuliert hatte. Oder um es mit Sybille Krämer (*1951) auf den Punkt zu bringen: Das Pappus-Problem, klug gewählt, um die Fruchtbarkeit seiner neuen Methode zu belegen, wird mit Descartes zum »Punkt des Umschlags von der Lösung einer partikulären geometrischen Aufgabe mit Hilfe algebraischer Operationen zur Demonstration ihrer allgemeinen Lösbarkeit überhaupt«.[17]

Doch wieso soll solch ein sehr spezielles Problem von allgemeiner Bedeutung sein, gar als Beleg für die Fruchtbarkeit der im *Discours* vertretenen Methode dienen können?

Das zu erläutern, sei die algebraische Umsetzung ansatzweise verdeutlicht: Descartes beginnt mit einer Analyse des Gegebenen, des Geforderten und der Zusammenhänge beider Seiten, wie er es im *Discours* verlangt und wie Pappus den methodischen Ansatz eines Analyse-Synthese-

16 Bos, *Redefining*, Kap. 23, 24.
17 Krämer, *Algebra und Geometrie*, S. 20.

Vorgehens entwickelt hatte.[18] Methodisch geschieht dieses nicht nur hier, sondern grundsätzlich in drei Schritten: Erstens sind alle gegebenen Größen, alle gesuchten Größen und im Zuge des Vorgehens einzuführende Größen zu bezeichnen. Zweitens werden gesuchte Größen – also der geometrische Ort von *C* und die Distanzlinien – behandelt, als seien sie schon gegeben, um ihre Beziehung in Gleichungen auszudrücken, die eine Quantität auf unterschiedliche Weise wiedergibt. Drittens ist die gefundene Lösungs-Gleichung in eine geometrische Darstellung umzusetzen.

Der erste Schritt ist in der obigen Zeichnung ablesbar. Im zweiten Schritt werden je eine Streckeneinheit unter den gegebenen Geraden und den zu suchenden Distanzlinien ausgewählt, nämlich *AB* als *x* beziehungsweise *BC* als *y*; auf diese beiden Einheiten sind letztlich alle anderen Linien zu beziehen. (Eigentlich handelt es sich damit schon um eine x- und eine y-Achse, wobei die Achsen noch nicht senkrecht aufeinander stehen: eine Vorläuferform des nicht von Descartes stammenden sogenannten kartesischen Koordinatensystems. Descartes hat jedoch die uns heute vertraute Bezeichnung von *x*, *y* für Funktionsgrößen, hingegen *a*, *b*, *c*, … für gegebene Größen eingeführt.)

Als Nächstes verbindet Descartes Gegebenes, nämlich *x*, mit Gesuchtem, also *y*, indem er das Dreieck *ARB* betrachtet, dessen Winkel bekannt sind, weil die Geraden alle gegeben sind. Damit liegt auch das Verhältnis der Seiten

18 In einer Gegenüberstellung von Pappus und Descartes dargestellt von Christian Wohlers in der »Einleitung« seiner Neuübersetzung des *Discours* und dessen Anhängen (Descartes, *Entwurf einer Methode*, S. XXVI–XXXVII).

AB und *BR* zueinander fest; es wird als *z zu b* bezeichnet: $AB/BR = z/b$; *z* und *b* sind dabei Konstanten. Da *AB* aber *x* ist, ergibt sich $BR = bx/z$. Nun ist $CR = BR + BC$, so dass sich *y* einbeziehen lässt: $CR = y + bx/z$.

Nachfolgend geht es darum, auch die anderen Distanzlinien in vergleichbarer Gestalt zu erfassen, um schließlich zu dem Ergebnis zu gelangen, dass, wenn man einen beliebigen Wert für *y* wählt, die Lösung in einer Gleichung zweiten Grades der Gestalt $x^2 = \pm ax \pm b^2$ bestehen wird:[19] Damit wird eine Punkt-für-Punkt-Konstruktion der Lösungskurve gegeben, wenn zu jedem gewählten *y* ein *x*-Wert errechnet werden kann. Als Gleichung für den gesuchten geometrischen Ort *C* ergibt sich damit nach Vereinfachung eine Gleichung zweiten Grades der Form $ax^2 + bxy + cy^2 + dx + ey + \mathrm{f} = 0$.[20] Das aber ist nichts anderes als die allgemeine Kegelschnittgleichung. Damit erweist sich der gesuchte geometrische Ort von *C* im Fall von vier Geraden als Kreis oder Kegelschnitt.

Doch Descartes gelingt weit mehr als die bloße Umsetzung des Vier-Geraden-Problems in eine Gleichung, denn am Ende stehen für den allgemeinen Fall einer beliebigen Zahl von Geraden nicht nur Funktionsgleichungen als gesicherte Erkenntnis, sondern eine Erkenntnis der gesamten Struktur der Pappus-Problemlösungen, nämlich eine Einsicht in die Ordnung der Funktionen: Mit je zwei weiteren Geraden gelangt man zu Gleichungen höheren Grades: ku-

19 Géom. I; AT.386, S. 328. In Einzelschritten dargestellt bei Vuillemin, *Mathématiques*, S. 101 ff.; Mancosu, *Philosophy*, S. 69 f.; Bos, *Redefining*, S. 319 f., und in kritischer Absicht bei Grosholz, *Cartesian Method*, Kap. I, II.

20 Lenoir, *Descartes*, S. 357.

bisch bei fünf und sechs Geraden, dann vierten Grades bei sieben und acht Geraden, und so fort – mithin zu Kurven, die weit über das hinausgehen, was der Geometrie bis dahin zugehörte und was nun eine neue Form der Darstellung verlangte.

Das aber bedeutet weit mehr als nur ein spezielles mathematisches Problem methodisch gelöst zu haben: War der Ausgangspunkt eine Analyse des Gegebenen in Beziehung zum Gesuchten, so bestand die Synthese nicht nur in der Umsetzung einer geometrischen Frage in eine Funktionsgleichung, vielmehr lieferte sie etwas Neues: Am Ergebnis zeigte sich, dass die neue, die geschiedenen Bereiche von Geometrie und Arithmetik überbrückende Methode einerseits einen weit über Geometrisches hinausgehenden unangreifbaren Beweis der Problemlösung liefert, und andererseits, dass sich eine klassifizierende Strukturaussage über Funktionen ergibt. Schon Jules Vuillemin (1920–2001) betont:

> In der Tat ist *La Géométrie* weit mehr als eine Theorie der Parallelität von Funktionen und Kurven. Sie ist in erster Linie eine Konzeption von Proportionen, die mit der gesamten cartesischen Metaphysik verbunden bleibt. In den Augen des Philosophen erscheint die Erfindung der Analytischen Geometrie als der Erfindung einer universellen Denkmethode untergeordnet.[21]

Geradeso notiert Henk Bos (*1940), Descartes' Mathematik sei die eines Philosophen, sie sei »eine Quelle der Inspi-

21 Vuillemin, *Mathématiques*, S. 10.

ration und ein Beispiel für seine Philosophie, und umgekehrt beeinflussten seine philosophischen Anliegen stark seinen Stil und sein Programm in der Mathematik«.[22]

Descartes' Methode, im *Discours* entwickelt, wird in *La Géométrie* zum entscheidenden Werkzeug: Zunächst eine Analyse aller mit dem jeweiligen Problem zusammenhängenden Bedingungen, die dann in einer Synthese so zu verbinden sind, dass in ihr eine erweiternde Erkenntnisbegründung gegeben ist. Die damit gewonnene Synthese reicht also nicht nur viel weiter als alle früheren Einzelfall-Bemühungen, sondern sie öffnet ganz neue Einsichten in die Struktur der Mathematik. Das aber war es, was Descartes demonstrieren wollte. Eben dies in seiner Fruchtbarkeit und Universalität zu belegen ist der Kern des Geometrie-Anhangs zum *Discours*.

5.2 Die Physik

Am 20. März 1629 hatte der Astronom Christoph Scheiner (1573–1650) ein besonders intensives Halo-Phänomen mit drei Kreisen und vier Nebensonnen in Frascati nahe Rom beobachtet. Sein Bericht ging an Kardinal Barberini (1597–1679), der es an de Peiresc (1580–1637) weitergab, einen Wissenschaftsmäzen mit den besten Verbindungen, der wiederum Kopien für ihm bekannte Wissenschaftler herstellte. Eine davon gelangte zu Gassendi, welcher eine für H. Reneri (1593–1639) besorgte, und der zeigte sie Descartes, der wiederum zwei Monate später Pater Mersenne

22 Bos, *Redefining*, S. 228.

um weitere Informationen bat, hatte er doch inzwischen eine große Ähnlichkeit der beiden inneren Ringe mit dem Regenbogen festgestellt – weshalb er eine gemeinsame Erklärung für beide Phänomene suchte:[23] Das war der Anfang der Schrift *Les Météores*, die zusammen mit der *Dioptrique* und der *Géométrie* ein Anwendungsbeispiel der im *Discours* entwickelten Methode abgeben sollte und in deren Umkreis auch der *Traité de l'Homme* und der *Traité de la Lumière* gehören.

Die Schrift *Le Monde*, in der Descartes für die kopernikanische Theorie eintritt, war ebenfalls ursprünglich für diesen Band vorgesehen, wurde aber von ihm zurückgezogen, als er von der Verurteilung Galileis durch die Inquisition erfuhr. Die Beispiele mögen nachdrücklich verdeutlichen, dass Descartes sich selbst nicht vornehmlich als Philosoph, sondern als Wissenschaftler verstand, ein Wissenschaftler überdies, der alles andere war als jener Dilettant, zu dem ihn manche heutigen Physiker stempeln möchten, verbunden mit dem Rat, angesichts seiner dürftigen Ergebnisse hätte er besser bei der Philosophie bleiben sollen: Solche Vorwürfe verfehlen die Zeit und die Leistung Descartes' völlig.

Dass Descartes sich nicht der Illusion hingibt, man könne durch intellektuelle Einsicht Prinzipien gewinnen, die alle Phänomene erklären, dürfte sich schon aus seinen ersten physikalischen Entdeckungen ergeben. Sie betreffen das Brechungsgesetz, das zwar schon von Harriot (1560–1621) und Snellius (1580–1626) gefunden worden war, ohne dass Descartes davon wusste, als er es 1628 nochmals for-

23 Gaukroger, *Descartes*, S. 217 f.

mulierte. Die cartesische Einsicht beschränkte sich nicht darauf, dass Lichtstrahlen an der Grenzfläche durchsichtiger Medien geknickt werden, sondern dass man dies durch ein mathematisches Gesetz auszudrücken vermag. Wir pflegen das Brechungsgesetz heute so zu schreiben:

$$\sin \alpha / \sin \beta = n_m = v_1 / v_2$$

für ein Material *m* mit dem Brechungsindex n_m, wobei α und β der Ein- bzw. Ausfallswinkel sind, während v_1 bzw. v_2 die Lichtgeschwindigkeit im Medium 1 bzw. 2 bedeutet. Descartes gibt in seiner *Dioptrique* eine Ableitung, die völlig unbefriedigend ist; die Entdeckung selbst war sicher anders verlaufen und beruhte wohl auf der Übertragung bekannter geometrischer Projektionsverfahren auf den Strahlengang.[24] Das Entscheidende an dem Verfahren war, dass man, wenn man für *einen* Strahl das Brechungsverhalten empirisch ermittelt hatte, dann auch für jeden anderen einfallenden Strahl den ausfallenden Strahl konstruieren konnte. Was jedoch fehlte, war eine physikalische Begründung statt einer bloß geometrischen Konstruktion. Dieser Aufgabe sind die *Dioptrique* und die *Météores* von 1637 gewidmet.

Eine Lösung setzte die Entwicklung theoretischer Vorstellungen davon voraus, was Licht ist. Dabei war zu berücksichtigen, dass atomistische Erklärungsansätze, wie sie seit der Antike vertraut waren und wie sie Hobbes und Gassendi vertraten, große Schwierigkeiten bereiteten, sobald nicht die Reflexion, sondern die Brechung gedeutet

24 Ebd., S. 141.

werden sollte. Diese Schwierigkeiten erforderten zugleich, auch die Frage zu behandeln, was überhaupt Materie und was Bewegung sei. Für Descartes stand fest, dass die Lösung rein mechanischer Natur und quantitativ sein musste und keine animistischen Kräfte (›Sympathien‹, okkulte Kräfte) enthalten durfte, wie sie damals immer noch im Schwange waren. Dem stand im Wege, dass es lebende, sterbliche Körper gibt.

Wie aber sollte man den Tod rein mechanisch beschreiben? Mehr noch: Wenn das Leben und Sterben dem Innewohnen und Entweichen einer Seele zugeschrieben werden – wie verhält sich dies zum Körper auf der einen, zur christlichen Unsterblichkeitslehre auf der anderen Seite? Nur wenn man sich die Komplexität des Problems vor Augen hält, dem sich Descartes gegenübersah, wird deutlich, wie wenig selbstverständlich jede vorgeschlagene Lösung erscheinen musste.

Die zuletzt angesprochenen Fragen scheinen meilenweit von der Erklärung der Brechung entfernt zu sein; aber im menschlichen Auge treffen sie alle zusammen: Es ist das Auge eines lebenden, beseelten Körpers, es verhält sich physikalisch-optisch und ist insofern mechanisch zu deuten; doch zugleich vermittelt es Information an das Denken. Schon im *Discours* skizziert Descartes diesen Zusammenhang, indem er auf seine Schrift *Le Monde* anspielt:

> Aber weil ich versucht habe, die wichtigsten davon [von den Wahrheiten] in einer Abhandlung zu erklären, an deren Veröffentlichung mich einige Erwägungen hindern, kann ich sie nicht besser bekannt machen, als hier summarisch zu sagen, was sie enthält. Ich hatte,

> bevor ich sie schrieb, die Absicht, dort alles aufzunehmen, was ich über die Natur der materiellen Dinge zu wissen meinte. [...] [Sinngemäß etwa: Ich beschränkte mich darauf,] was ich vom Licht verstand, sehr ausführlich darzulegen; sodann bei Gelegenheit einiges über die Sonne und die Fixsterne anzufügen, weil von ihnen fast alles Licht herkommt, über die Himmelsmaterie, weil sie es überträgt, über die Planeten, die Kometen und die Erde, weil sie es reflektieren und im Einzelnen über all die Körper, die auf der Erde sind, weil sie entweder farbig oder transparent oder leuchtend sind, und endlich über den Menschen, weil er der Betrachter hiervon ist.[25]

Doch Descartes sah nicht nur theoretische, sondern auch handfeste praktische Probleme, nämlich das Auftreten der Kaustik, sozusagen eine ›Verschmierung‹ des Brennpunktes beim Durchtritt eines Strahlenbündels durch eine sphärische Linse – eine Schwierigkeit, die die Frage aufwarf, ob es eine Linsenform gibt, die diesen Linsenfehler verhindert. Descartes wollte solche Linsen berechnen können und schleifen lassen. Da er überzeugt war, dass die Kaustik eine Hyperbel sei, glaubte er, den Fehler mit hyperbolischen Linsen beheben zu können – was unmittelbar auf die technische Frage führt, wie sich solch ein Schleifprozess verwirklichen lässt; eine entsprechende Maschine wird von ihm in seiner *Dioptrique* angegeben. Dies zeigt, dass Descartes sehr wohl praktischen Beobachtungen und Erfahrungen größte Bedeutung zumisst.

25 Disc. V; AT VI.41 f., S. 81.

Aufbauend auf einer Kurzfassung der *Meditationes* entwickelte Descartes in den *Principia* seine eigene Naturtheorie, wobei er sowohl seine Theorie des menschlichen Körpers als auch seine Theorie der menschlichen Empfindungen ausklammerte, um sie in anderen eigenen Schriften zu behandeln. So fand in den *Principia* vor allem seine Physik – von den allgemeinsten Prinzipien über die Kosmologie bis hin zu Einzelphänomenen auf der Erde – ihren Platz. Ohne die Einzelheiten dieses Weges hier nachzeichnen zu können, soll doch wenigstens der Grundgedanke entfaltet werden, um ein Bild des cartesischen Denkens zu gewinnen, das seine Synthese von Metaphysik und Wissenschaft deutlich werden lässt.

Descartes' Erkenntnisideal besteht seit den *Regulae* darin, die Mathematik mit der Erkenntnis der Welt zu verbinden. Andere als mathematische Prinzipien, so lesen wir in den *Principia*, seien »weder zulässig noch wünschenswert«[26]. Damit, also mit einer quantitativen Naturwissenschaft, wie auch Galilei sie postuliert hatte, ist zugleich der aristotelisch-scholastischen qualitativen Erfassung der Natur eine radikale Absage erteilt. Nun sind Metaphysik und Mathematik zweierlei. Überdies – wo bleibt die Erfahrung, kann man sie ganz außer Acht lassen? Doch an Mersenne schreibt Descartes, zur Erkenntnissicherung müsse man »die Prinzipien der Physik aus der Metaphysik ableiten«[27]. Im selben Brief heißt es unmittelbar darauf gar: »Von mir geometrische Beweise für eine Angelegenheit zu fordern, die von der Physik abhängt, heißt Unmögliches fordern.«

26 Princ. II.64; AT VIII–I.79, S. 173, 175.
27 Brief an Mersenne, 17./27. Mai 1638; AT II.141.

Damit scheint völlig unklar, wie Descartes vorzugehen beabsichtigt.[28] Tatsächlich aber zielt er darauf, Prinzipien anzugeben.[29] Wie reimt sich dies zusammen?

Zunächst gilt es herauszuarbeiten, welchen Status die Prinzipien selbst haben. Dies bedeutet auch zu sagen, was eine wissenschaftliche Theorie für Descartes ist, auch wenn er einen solchen Begriff nicht verwendet. Die Deutungen in der Literatur sind höchst kontrovers; meist wird Descartes attestiert, reiner Rationalist zu sein und seinen Überlegungen mehr zu trauen als jeder Beobachtung; schließlich betont er diese Haltung oft genug. Doch auch der krasseste Gegensatz hierzu ist vertreten worden, so von Desmond Clarke (1942–2016), der Descartes hinsichtlich seiner erfahrungswissenschaftlichen Theorien als einen reinen Empiristen bezeichnet.[30] Schon am Anfang stehen wir also vor Deutungsproblemen: Welche Anteile seiner Theorie der Natur sind a priori, welche stammen aus der Erfahrung, und wie stehen beide zueinander? Manchmal formuliert Descartes seine Auffassung so, dass alle zuverlässige Wissenschaft rein a priori sei; dann wieder forderte er Experimente zur Überprüfung von Hypothesen. Wie lassen sich diese Aussagen miteinander versöhnen? Drei Standpunkte sind als Interpretationsansätze denkbar:

1. Die obersten Prinzipien der Natur sind a priori, also klar und deutlich einsehbar. Dann sind auch alle darauf auf-

28 Williams, *Descartes*, S. 216.
29 Vgl. Cottingham, *Descartes*, S. 89.
30 Clarke, *Descartes*, S. 12.

bauenden Erklärungen von Phänomenen nichts als Ableitungen, also a priori.
2. Die obersten Prinzipien sind zwar a priori, aber die Einzelphänomene bedürfen einer Erklärung, die auf Erfahrung Bezug nimmt – solche Erklärungen sind a posteriori, sie sind hypothetisch und deshalb an der Erfahrung zu überprüfen.
3. Auch die obersten Prinzipien sind a posteriori, so dass alle Wissenschaften von der Welt a posteriori sind.

Wie sich zeigen wird, scheidet der letzte Standpunkt aus, auch wenn Clarke ihn vertritt; es bleiben der erste und der zweite. Tatsächlich erlaubt nur der zweite, die unterschiedlichen Aussagen Descartes' als miteinander verträglich zu erweisen.

Beginnen wir mit der den beiden ersten Standpunkten gemeinsamen These, die grundlegenden Prinzipien seien a priori: Wie können diese Prinzipien gewonnen werden, und: Wie und woraus sind sie abzuleiten? Die zweite Frage betrifft Erklärungen bzw. Erklärungshypothesen: Wie sollen sie angesichts des vorausgesetzten Apriorismus der Prinzipien möglich sein?

Die Antwort Descartes' auf beide Fragen nimmt auf, wie den *Regulae* zufolge mit »unverstandenen Problemen« durch Umformung in Wenn-dann-Hypothesen umzugehen sei. Ihr Leitgedanke lässt sich an der Mathematik ablesen. Auch sie formuliert Hypothesen, etwa: »Wenn ein Dreieck gegeben ist, dann ist es ein Dreiseit.« Ausgehend von den Axiomen der Geometrie lassen sich Ableitungsketten bilden und Aussagen nach der Art unseres Dreieck-Beispiels beweisen, so dass sie als Wenn-Dann-Aussage Apriori-Gültigkeit haben. Ob aber die Wenn-Klausel erfüllt ist, ob in der Wirklichkeit ein Dreieck gegeben ist, kann keinerlei Mathematik beantworten. Deshalb sind selbst in der Mathematik und Geometrie die obersten Prinzipien zwar mathematisch zu formulieren, aber mit Mitteln der Metaphysik zu beweisen. (Wie der Grundlagenstreit in der Mathematik zeigt, gilt dies auch heute noch, nur dass wir uns mit metaphysischen Beweisen schwertun.) Wäre dem nicht so, wäre ein methodischer Zweifel an mathematischen Aussagen unmöglich gewesen.

Diese Zusammenhänge wiederholen sich nun in der Physik; denn angenommen, wir hätten das Fallgesetz aus metaphysischen Prinzipien abgeleitet, so sagt es doch (in heutiger Schreibweise) nur: »Wenn etwas aus der Höhe s fallen gelassen wird, so gilt $s = \frac{1}{2} gt^2$.« *Ob* ich etwas fallen lasse, ist damit nicht gesagt; die Prämisse – die selbst den Status einer komplexen Hypothese haben kann – ist von uns zu setzen oder an der Erfahrung zu überprüfen. Mehr noch: Weil wir die Prämisse selbst nicht deduzieren können, weil wir sie oft als Hypothese setzen müssen, kommen wir innerhalb der Erfahrungswissenschaften in die Situation, nur deren Resultate an der Erfahrung überprüfen zu können. Auf diesem Wege lassen sich zwar unbrauchbare Hypothesen ausschalten, aber eine Übereinstimmung mit der Erfahrung ist kein Beweis; vielmehr können mehrere Hypothesen erfolgreich dasselbe leisten. Wir können daher jede beliebige [Hypothese] annehmen, »sofern nur alles, was sich aus dieser ergibt, mit der Erfahrung übereinstimmt«[31]. Entsprechend bezeichnet Descartes

31 Princ. III.46; AT VIII-I.101, S. 223.

solche Hypothesen als *brauchbar*, nicht aber als *wahr*. Er erläutert dies an einem schönen Bild: Zwei Uhren können äußerlich einander vollkommen gleichen und beide die richtige Zeit anzeigen und doch in ihrer Mechanik grundverschieden sein.[32]

Descartes sieht dies bei den kosmologischen Modellen, dem abgewandelt-geozentrischen von Tycho Brahe und dem heliozentrischen von Kopernikus, als gegeben. Beide stimmen in gleicher Weise und im Gegensatz zum ptolemäischen Weltbild mit der Erfahrung überein, beide sind also als Hypothesen äquivalent, wenngleich die mathematische Formulierung bei Kopernikus eleganter ist. Diese relativierende Aussage Descartes' ist zumeist als Vorsicht gegenüber der Inquisition gedeutet worden, hatte er sich doch in *Le Monde* offen für das kopernikanische Weltbild und dessen Heliozentrik ausgesprochen; doch ist sein Vorgehen im Rahmen des cartesischen Hypothesenbegriffs gänzlich folgerichtig, weil die Wahrheit einer Hypothese nur dann feststünde, wenn sich erstens *alle* mit einem Erfahrungsbereich übereinstimmenden Hypothesen angeben lassen und wenn sich zweitens darüber hinaus alle Hypothesen *bis auf eine* zurückweisen lassen. Beides gelingt aber im vorliegenden Falle nicht. So bleibt nur die pragmatische Lösung, der in der Anwendung einfacheren Hypothese den Vorzug zu geben.

Damit dürfte verständlich geworden sein, dass, je nachdem, welchen Aspekt Descartes hervorhebt, sich unterschiedliche Sichtweisen des Theoriestatus ergeben. Zugleich erweist sich, dass von den drei unterschiedenen Inter-

32 Princ. IV.204; AT VIII-I.327, S. 629.

pretationsthesen die erste ausscheidet: Keineswegs sind alle Aussagen über die Natur, sondern nur die Prinzipien *a priori*. Ebenso scheidet die dritte aus, denn wenngleich die Hypothesen an der Erfahrung geprüft werden, so entstammen sie ihr doch nicht. Es bleibt somit nur der (sehr moderne) Fall einer – wie wir heute sagen würden – Theoriegeleitetheit der Beobachtung, allerdings (und darin sind wir zurückhaltender) für Descartes auf der Grundlage universeller, also apriorischer Prinzipien und Gesetze.

Nun zu den Prinzipien im Einzelnen: Descartes bereitet sie durch allgemeine Überlegungen über die *res extensa* vor, um von dort her den Raumbegriff und verwandte Begriffe verfügbar zu haben. Der *Körper* ist die Abgrenzung eines Raumes nach Länge, Breite, Höhe innerhalb der ausgedehnten Substanz.[33] Der *Ort* ist »nicht etwas von dem darin befindlichen Körper Verschiedenes, sondern nur seine Größe, Gestalt und Lage zwischen anderen Körpern«[34]. Solche Begriffe wie *Lage* sind dabei relativ, weshalb auch jede Bewegung als Ortsveränderung relativ ist; vielmehr *denken* wir uns einen Körper festgehalten als Bezugssystem. Weiterhin lässt der Raum *kein Vakuum* zu, denn:

> Daß aber ein Vakuum in philosophischer Bedeutung, d. h. etwas, wo schlichtweg keine Substanz ist, nicht eingeräumt werden kann, ist daraus offensichtlich, daß die Ausdehnung des Raumes, d. h., die Ausdehnung des inneren Ortes, sich nicht von der Ausdehnung des Körpers unterscheidet. Denn daraus, daß ein Körper in Länge,

33 Princ. II.4; AT VIII–I.41, S. 95.
34 Princ. II.13; AT VIII–I.47, S. 105.

Breite und Tiefe ausgedehnt ist, folgern wir zu Recht, dass er eine Substanz ist, weil es sich völlig widerspricht, daß dem Nichts irgendeine Ausdehnung zukommen sollte. Dasselbe muß auch über den Raum, der als leer unterstellt wird, geschlossen werden, nämlich daß, weil in ihm Ausdehnung ist, in ihm notwendig auch eine Substanz ist.[35]

Diese Argumentation ist charakteristisch für die Art der Begründung, die Descartes sucht: Aus rein begrifflichen Überlegungen ergibt sich für ihn aus seiner Substanzlehre, dass es ein Vakuum gar nicht geben kann. Die Begründung ist metaphysisch, sie ist *a priori* und – unter den Prämissen Descartes', nämlich seiner Auffassung des Verhältnisses von *res extensa* und Körper – sie ist zwingend.

In entsprechender Weise werden weitere Raumeigenschaften gewonnen: Der als *dreidimensional* vorausgesetzte Raum ist *homogen*, er ist *unteilbar* – was nicht ausschließt, dass Körper teilbar sind – und (wegen der Unteilbarkeit) *undurchdringlich* und deshalb auch *nicht zusammendrückbar*. Weiter ist der Raum *ohne Grenzen*; und damit kann er auch *keinen Mittelpunkt* haben (was – ohne dass es gesagt wird – zusammen mit der Relativität der Bewegung von vornherein ein ptolemäisches Weltbild mit einer ruhenden Erde im Mittelpunkt der Welt ausschließt).[36]

Wenn es kein Vakuum gibt, so muss der Raum *überall mit Materie gefüllt* sein, es kann also *keine Atome* geben. Wenn es aber in der ganzen Welt überall dieselbe Materie

35 Princ. II.16; AT VIII-I.49, S. 109, 111.
36 Princ. II.19 ff., S. 115 ff.

gibt, können nicht unterschiedliche Prinzipien als allgemeine Naturgesetze auf der einen Seite nur für die Erde und auf der anderen Seite nur für den Himmel gelten, sondern es müssen – entgegen der scholastischen Auffassung – dieselben Prinzipien sein. Dies entspricht der seit den *Regulae* vertretenen Auffassung von einer Einheit der Wissenschaft.

Nun betreffen die Prinzipien die *Bewegung* der Körper. Doch was ist eine Bewegung? Dem üblichen Verständnis nach ist sie der Übergang eines Körpers von einem Ort zu einem anderen in der Zeit. Doch wenn alles mit Materie gefüllt ist, muss die jeweilige Umgebung mitberücksichtigt werden. So sagt Descartes, »zufolge der Wahrheit« sei Bewegung »der Übergang eines Stückes Materie, bzw. eines Körpers, aus der Umgebung derjenigen Körper, die unmittelbar an ihn angrenzen und die gleichsam als ruhend angesehen werden, in die Umgebung anderer Körper.«[37]

Zu klären bleibt, was unter ›Zeit‹ zu verstehen ist, denn eine Bewegung muss nach unserem Verständnis eine Ortsveränderung in der Zeit sein. Bedenkt man, dass mit Kant zwischen Raum und Zeit als Formen der sinnlichen Anschauung zu unterscheiden ist und dass heute Raum, Zeit und Materie als Grundbegriffe der klassischen Physik gesehen werden, wird man erwarten, dass Descartes eigentlich neben der *res extensa* eine Art *res temporalis* hätte einführen müssen; davon ist aber nirgends die Rede. Selbst über die Zeit (*tempus*) spricht er kaum, sondern er entwirft vielmehr eine Vorstellung, nach der die Zeit als Teil der Lageveränderung mitgedacht werden muss, und zwar als Dauer

37 Princ. II.25; AT VIII–I.53, S. 121.

(*duratio*). So definiert er »tempus« als »Andauer eines bestehenden Dinges«[38] und nimmt dies in den *Principia*[39] auf.

Dies ist die für ihn allenthalben leitende Definition. Sie zeigt, wie Dauer als attributive Bestimmung der *res* an die Stelle eines abstrakten Zeitbegriffs tritt. Das bedeutet, dass dieser Begriff aus Descartes' Sicht nur zusammen mit einer existierenden *res* sinnvoll ist und nicht einmal abstrahierend davon abgelöst werden kann. Nur so lässt sich eine Dauer sowohl im Bereich der körperlichen Dinge, d. h. bei physischen Vorgängen, als auch bei der *res cogitans*, also bei geistigen Vorgängen, beispielsweise dem Gedächtnis, annehmen.

Descartes' Verständnis der Bewegung hat Folgen, denn jede Bewegung ist erstens Relativbewegung, zweitens ist die Bewegung eines Körpers mit einem Wirbel der ihn umgebenden Materie verbunden, weil der Raum, den ein sich bewegender Körper verlässt, sofort wieder von anderer, sehr feiner, flüssigkeitsartiger Materie gefüllt wird. Die Bewegung aller Materie verläuft also auf nicht abreißenden und sich nicht überschneidenden Kurven (die Materie kann sich ja nicht durchdringen).

In Verbindung mit seinen Prinzipien, auf die noch einzugehen sein wird, entwickelt Descartes hieraus im dritten Teil der *Principia* eine universelle Bewegungstheorie. Diese Wirbeltheorie der Materie – mag sie physikalisch schnell überholt gewesen sein – erklärte nicht nur die Planetenbewegung als ein Mitschwimmen der Himmelskörper im Wirbel der kreisenden feineren Materie; sie bot durch Ver-

38 Med. V; Resp. in Med. III.9; AT VII.370, S. 374.

39 Princ. I.21; AT VIII–I.13, S. 30 f.

dichtung im Zuge der Wirbelbewegung erstmals eine kausalgenetische Theorie der Entstehung der Sonnen, Planeten und Monde. Sie öffnete damit den Weg zum Verständnis einer Geschichte des Kosmos und zur Kant-Laplace'schen Theorie des Weltalls und ersetzte so – wenn auch bei Descartes in der hypothetischen Formulierung eines Gedankenexperiments – die biblische Genesis durch eine naturwissenschaftliche Theorie.

Das Resultat der scheinbar rein begrifflichen Überlegungen ist weit mehr als eine bloße Begriffsklärung – es besteht vielmehr in einem Gesamtentwurf eines grenzenlosen, überall mit Materie gefüllten Universums, dessen einzige Form der Zustandsänderung die Bewegung ist, deren Gesetze überall Gültigkeit haben und damit eine Trennung von irdischer und himmlischer Physik von vornherein überwinden. Die geschlossene Welt des Mittelalters ist zum offenen Universum der Neuzeit geweitet.

Wenden wir uns nach diesen Vorbereitungen den fundamentalsten Gesetzen der Natur zu, die teilweise bereits in *Le Monde* konzipiert und in den *Principia* weiterentwickelt werden. Ihnen stellt Descartes ein universelles Prinzip voran:

(P) *Das Prinzip der Erhaltung des Quantums der Bewegung*:
In der Welt ist die Summe der Bewegung konstant.

Oder in der Formulierung Descartes':

Was nun die allgemeine Ursache [der Bewegung] anbelangt, so erscheint es mir als offensichtlich, daß sie nichts

> anderes ist als Gott selbst, der die Materie zugleich mit der Bewegung und der Ruhe am Anfang erschaffen hat, und außerdem allein durch seinen gewöhnlichen Eingriff ebendieselbe Quantität der Bewegung und Ruhe, die er damals in die Welt hineingesetzt hat, aufrechterhält.[40]

Es sind also Eigenschaften Gottes, auf die Descartes sein oberstes Prinzip gründet. Das ist nur folgerichtig, denn wenn selbst die Mathematik durch Gott festgesetzt wird, so muss dieses fraglos auch für die geschaffene Welt gelten: Gott ist Ursache der Bewegung.[41]

Aus der »Unveränderlichkeit Gottes« – genauer: »da er immer auf dieselbe Weise handelt, immer dieselbe Wirkung produziert« – lassen sich, wie Descartes behauptet, nun drei weitere »Regeln als Naturgesetze entnehmen«:

> (G_1) *Das Trägheitsgesetz*:
> Jeder Körper, auf den nichts einwirkt, verharrt in seinem Zustand.

Oder wiederum mit den Worten Descartes':

> Das erste dieser Naturgesetze ist: Ein jedes Ding, insofern es ein einzelnes und ungeteiltes ist, verbleibt von sich aus in demselben Zustand und verändert sich niemals außer durch äußere Ursachen.[42]

40 Princ. II.36; AT VIII–I.61, S. 137.
41 Vgl. Garber, *Descartes*, S. 197 ff., insbes. Kap. 9.
42 Princ. II.37; AT VIII–I.62, S. 139; bzw. *Le Monde*, Kap. 7; AT XI.43, S. 55.

> (G_2) *Die geradlinige Bewegung als natürliche Bewegung*: Jeder Körper, auf den nichts einwirkt, bewegt sich geradlinig.

Oder mit Descartes:

> Das zweite Naturgesetz ist: Ein jedes Stück Materie tendiert für sich selbst betrachtet niemals, sich auf irgendwelchen schrägen Linien weiterzubewegen, sondern einzig und allein auf geraden [...].[43]

G_1 und G_2 zusammen genommen entsprechen etwa Newtons Trägheitsprinzip; so gesehen, stellen sie einen eindrucksvollen Fortschritt in der Entwicklung der Physik dar. Allerdings muss man sofort hinzufügen, dass bei Descartes sowohl der Massebegriff als auch der Kraftbegriff fehlen; ob deshalb *mv*, der heutige Impuls, als »Quantität der Bewegung« verstanden werden darf, ist mehr als fraglich. Darum lässt sich nicht ohne weiteres sagen, Descartes habe das Trägheitsgesetz entdeckt. Dennoch ist es durchaus faszinierend zu sehen, mit welcher Konsequenz der Versuch unternommen wird, eine umfassende theoretische Grundlage mit nur wenigen Prinzipien aufzubauen.

Wie aber steht es um deren Begründung? Descartes verweist zwar darauf, dass »die alltägliche Erfahrung, die wir mit den geworfenen Gegenständen machen, unsere Regel [G_2] völlig«[44] bestätigt. Das aber gilt nicht für G_1, wo

43 Princ. II.39; AT VIII–I.63, S. 139; vgl. *Le Monde*, Kap. 7; AT XI.43 f., S. 63.

44 Princ. II.38; AT VIII–I.63, S. 141.

er ausdrücklich vermerkt, die Erfahrung lehre uns – ganz im Gegensatz zur Aussage des Gesetzes –, dass jeder Körper nach einer Weile zur Ruhe kommt. Eben dies hatte Aristoteles veranlasst, die zur Ruhe kommende Bewegung als natürlich anzusehen. Descartes betont nun, sein erstes Gesetz sei einer solchen Vorstellung »geradezu zuwider«, doch folgt für ihn daraus keineswegs eine Widerlegung, weil die Verlangsamung »aus unbekannten Ursachen« erfolge, die sich oft »unserer Wahrnehmung entziehen«.[45]

Hier zeichnet sich ab, dass für Descartes der begrifflichen, theoretischen Begründung der Vorrang eingeräumt werden muss. Davon ganz abgesehen, könnte eine Übereinstimmung mit der Erfahrung nach dem, was zu Descartes' Hypothesenbegriff entwickelt wurde, gar kein Beweis sein, und schon gar nicht eine apriorische metaphysische Begründung.

Uns ist der Gedanke fremd geworden, Naturgesetze könnten a priori gewonnen werden; aber erstens sei daran erinnert, dass noch Kant in den *Metaphysischen Anfangsgründen der Naturwissenschaft* nach einer Apriori-Begründung des Trägheitsgesetzes suchte, und dass wir zweitens bei Erhaltungssätzen wie dem Energieerhaltungssatz immer bereit sind zu erklären, eine scheinbare Verletzung beruhe darauf, dass das betreffende System nicht abgeschlossen sei: Wir sind also nicht willens, die Verletzung an der Erfahrung scheitern zu lassen.

Doch zurück zu Descartes und seiner Argumentation: Er appelliert an unsere Einsicht, dass ein viereckiger Kör-

45 Princ. II.37; AT VIII–I.62 f., S. 139, 141.

per seine *Gestalt* nicht ohne Ursache ändert; dasselbe müsse aber auch für die Art der *Bewegung* eines Körpers gelten.

Leibniz wird später sagen, dass das, was Descartes hier voraussetze, das Prinzip des zureichenden Grundes sei: *Nichts geschieht ohne zureichenden Grund.* Und dieses Prinzip gelte in der Welt wegen der weisen Wahl Gottes, die sicherstelle, dass in der Welt alles seine kausale Ordnung habe. Die Leibniz'sche Begründung ist ersichtlich a priori, sie ist metaphysischer Art, und sie setzt mancherlei über Gottes Wahl dieser Welt voraus. Auch Kants Apriori-Begründung der Newton'schen Physik ist nicht voraussetzungslos, denn sie geht davon aus, dass das erkennende Subjekt die Kausalität als Denkform in die Erkenntnisgegenstände hineingetragen hat. Was Descartes für seine Begründung in Anspruch nimmt, ist außer dem Grundprinzip von der göttlichen Erhaltung der Quantität der Bewegung fraglos das Verursachungsprinzip, das als *notio communis* schon dem ersten Gottesbeweis zugrunde lag. So gesehen darf Descartes wohl beanspruchen, eine Begründung im Rahmen seiner Metaphysik gegeben zu haben.

Die heute gängige harsche Kritik an Descartes' Physik bezieht sich weniger auf die ersten beiden Naturgesetze und das ihnen vorausgehende Erhaltungsprinzip, sondern vor allem auf das dritte Naturgesetz, aus dem er jene Stoßgesetze ableitet, deretwegen Huygens die cartesischen *Principia* als »ce roman de la physique«[46] karikieren sollte:

46 Williams, *Descartes*, S. 233.

(G_3) *Das universelle Stoßgesetz:*
Das dritte Naturgesetz ist dieses: Wenn ein sich bewegender Körper auf einen anderen trifft, und er eine geringere Kraft besitzt, sich auf gerader Linie fortzubewegen als der andere besitzt, um ihm zu widerstehen, dann wird er in eine andere Richtung abgelenkt, wobei er seine Bewegung behält und allein die Ausrichtung der Bewegung verliert. Wenn er hingegen eine größere Kraft besitzt, dann bewegt er den anderen mit sich fort und überträgt ihm gerade soviel von seiner Bewegung, wie er selbst verliert.[47]

Hieraus leitet Descartes sieben Stoßgesetze ab, von denen sechs ganz und gar nicht mit der Erfahrung übereinstimmen; und er weiß dies, denn der Bemerkung: »Und diese Regeln bedürfen keiner Überprüfung, weil sie ganz offensichtlich sind«[48] fügt er in der französischen Übersetzung hinzu: »selbst wenn die Erfahrung uns das Gegenteil zu zeigen schiene, würden wir trotzdem genötigt sein, unserer Vernunft mehr als unseren Sinnen zu vertrauen«[49].

Das scheint dreist – und ist dennoch konsequent, denn Descartes sucht, wie er betont, »die wahre und absolute Natur der Bewegung«[50] – und das wäre eine göttliche Sichtweise.

Dass die Theoretisierung später eine andere Richtung genommen hat, dass wir einen anderen Masse- und Bewegungsbegriff entwickelt haben, stellt nicht bereits eine Wi-

47 Princ. II.40; AT VIII–I.65, S. 145.
48 Princ. II.52; AT VIII–I.70, S. 155.
49 Princ. II.52; AT IX–II.93.
50 Princ. II.62; AT VIII–I.77, S. 171.

derlegung dar.[51] Vielmehr ist sich Descartes der Notwendigkeit bewusst, zur Erfassung der Natur in mathematisch formulierbaren Gesetzen die Erfahrung hintanzustellen und das einzuführen, was wir heute »theoretische Begriffe« nennen, Begriffe also, deren wir zum Aufbau der Theorie bedürfen, auch wenn sie nicht der unmittelbaren Beobachtung korrespondieren: Nichts anderes geschieht in der Trägheitsbewegung, die es nie und nirgends gibt, ohne die sich aber die spätere Newton'sche Physik nicht aufbauen ließe. Dies ist es, was Descartes fordern lässt, mehr der Vernunft als der Erfahrung zu folgen. Und diese Haltung war es, die eine einheitliche Theoretische Physik als Ausdruck der Erfassbarkeit der Welt mit den Mitteln menschlicher Vernunft möglich werden ließ.

5.3 Der menschliche Körper

Der menschliche Körper ist etwas Ausgedehntes, also ist er als *res extensa* mechanisch zu sehen, er ist eine »Maschine der Glieder«[52]. Im *Traité de l'Homme*, entstanden gegen 1632, führt Descartes diese Sicht als Fiktion ein:

> Ich setze voraus, daß der Körper nichts anderes ist als eine Statue oder Maschine aus Erde, die Gott ausdrücklich

51 Rekonstruktionen der cartesischen Physik, die die Stoßgesetze in ihrer Eigenart verständlich machen, finden sich bei K. Hübner, *Kritik der wissenschaftlichen Vernunft*, Freiburg/München 1978, S. 221 ff., sowie bei Marshall, *Prinzipien*, S. 108 ff., und Garber, *Descartes*, S. 234 ff.

52 Med. II; AT VII.26, S. 79.

formt, um sie uns so ähnlich wie möglich zu machen. Deshalb verleiht er ihr nicht nur äußerlich die Farbe und Gestalt aller unserer Körperglieder, sondern setzt auch alle Stücke in ihr Inneres, die erforderlich sind, um sie herumlaufen, essen, atmen und schließlich alle jene unserer Funktionen nachahmen zu lassen, von denen man sich vorstellen kann, daß sie von der Materie herrühren und nur von der Disposition der Organe abhängen.
Wir sehen Uhren, kunstvolle Wasserspiele, Mühlen und andere ähnliche Maschinen, die zwar nur von Menschenhand gefertigt sind, aber dennoch die Kraft haben, sich von selbst auf viele verschiedene Weisen zu bewegen. Und mir scheint, ich könnte mir in dieser Maschine, von der ich voraussetze, daß sie durch die Hände Gottes gefertigt ist, weder so viele Arten von Bewegungen vorstellen noch ihr eine solche Kunstfertigkeit zusprechen, daß Sie keinen Anlaß hätten, zu denken, sie könne nicht mehr davon haben.
Nun, ich werde mich nicht damit aufhalten, Ihnen die Knochen, Nerven, Muskeln, Venen, Arterien, den Magen, die Leber, Milz, das Herz, Gehirn noch alle anderen verschiedenen Stücke zu erklären, aus denen sie [die Maschine] zusammengesetzt sein muß. Denn ich setze diese Stücke als jenen Teilen unseres Körpers völlig ähnlich voraus, die dieselben Namen haben und die Sie sich – wenn Sie sie nicht von selbst schon ausreichend kennen – von irgendeinem sachkundigen Anatomen zeigen lassen können [...].[53]

53 *L'Homme* 18; AT XI.120, S. 173, 175.

Diese Betrachtungsweise wurde von Descartes weit ausgebaut und durch seine anatomischen Untersuchungen gestützt: Zeigt doch das Auge, dass seine Funktionsweisen mit den Gesetzen über das Verhalten von Licht in durchsichtigen Medien beschreibbar ist, während das Herz – entsprechend William Harveys (1578–1657) Entdeckung von 1616 – als Pumpe den Blutkreislauf in Gang hält. Man hat es also mit einem rein mechanischen System zu tun.

Der menschliche Körper als Maschine – dies ist ein gänzlich neues, wirkmächtiges Verständnis, das sich als ebenso bedeutsam für die Entstehung der neuzeitlichen Wissenschaften erweisen sollte wie das *cogito* für die Philosophie oder die *res extensa* für die physikalische Theoriebildung.

Der *Traité de l'Homme* bildet eine erste große Zusammenfassung in einer langen Kette von Überlegungen, Untersuchungen und Schriften Descartes'. Mit ihnen beginnt, wie der Medizinhistoriker Karl Rothschuh (1908–1984) hervorhebt,

> das konsequente kausalanalytische Denken in der Biologie und Physiologie, sie bedeuten den Anfang jener Betrachtungsweise, die in ihrer modernen Entfaltungsstufe jetzt bei der molekularen Genetik, bei der Herztransplantation und der physiologischen Kybernetik angelangt ist.[54]

Doch auch philosophiegeschichtlich ist dieser Neubeginn von größtem Interesse, denn von hier führt der Weg direkt

54 Karl E. Rothschuh, »Vorwort«, in: Descartes, *Über den Menschen*, hrsg. von K. E. R.

zu den französischen Materialisten, die zwar die cartesische Theorie der *res cogitans* verwerfen, doch die Grundvorstellungen der *res extensa* vollkommen übernehmen. Julien Offray de La Mettries (1709–1751) *L'Homme Machine*, der durchgängige Materialismus der Mandeville'schen (1670–1733) *Bienenfabel* und Paul Henri Thiry d'Holbachs (1723–1789) Theorie des Menschen haben hier ihre Wurzeln.

Nicht zufällig finden wir gleichzeitig jene unterhaltsamen Mensch- und Tier-Automaten, die schon Descartes erwähnt. Er selbst hat zwei entworfen, eine Seiltänzerin und eine Taube;[55] und in den *Regulae*[56] beschreibt er eine Figur des Tantalus in einem Glaszylinder mit einer Mechanik, die schlagartig den Wasserstand fallen lässt, wenn dieser die Höhe der Lippen erreicht. Im *Traité de l'Homme* wird von den Statuen des Parks von Fontainebleau berichtet und deren Steuerung in Parallele zu der feinen Materie, den Lebensgeistern (*spiritus animales*; diese sind – entgegen Descartes' unglücklicher Terminologie – materiell), die in den Nervenbahnen fließen:

> [W]enn diese Lebensgeister so in die Höhlen des Gehirns eintreten, gehen sie in demselben Maße von dort in die Poren seiner Substanz über und von den Poren in die Nerven. Je nachdem, ob sie dort mehr oder weniger in die einen als in die anderen eintreten oder sogar nur einzutreten streben, haben sie die Kraft, die Gestalt der Muskeln zu verändern, in die die Nerven hineingeführt

55 *Cogitationes privatae*; AT X.231 f.
56 R. XIII; AT X.436, S. 115.

> sind, und dadurch alle Körperglieder sich bewegen zu lassen. So mögen Sie vielleicht in den Grotten und Wasserspielen, die sich in den Gärten unserer Könige befinden, gesehen haben, daß allein die Kraft, mit der das Wasser sich bewegt, wenn es aus einer Quelle austritt, ausreicht, um dort verschiedene Maschinen zu bewegen und sie sogar irgendwelche Instrumente spielen oder Worte aussprechen zu lassen, gemäß den verschiedenen Dispositionen der Rohre, die es leiten. [...]
> Die äußeren Objekte, die allein durch ihre Anwesenheit auf ihre Sinnesorgane einwirken und sie [die Maschine] dadurch bestimmen, sich auf verschiedene Weisen zu bewegen, je nachdem, welche Disposition die Teile ihres Gehirns haben, sind wie Fremde, die in einige der Grotten dieser Wasserspiele eintreten und dadurch, ohne daran zu denken, selbst die Bewegungen verursachen, die sich in ihrer Anwesenheit vollziehen; denn sie können dort nur eintreten, wenn sie über gewisse Bodenfliesen hinüberlaufen, die eine solche Disposition haben, daß, wenn sie sich zum Beispiel einer badenden Diana nähern, sie sie sich im Schilf verbergen lassen [...].[57]

Descartes hebt am Automatenmodell das Vermögen hervor, nicht nur einzelne charakteristische Organfunktionen zu übernehmen (Schreiben, Sprechen, Singen, Tanzen), sondern die Möglichkeit, den Mechanismus so zu gestalten, dass er, ohne Bewusstsein voraussetzen zu müssen, auf Reize von außerhalb reagiert. Letztlich bilden unsere heutigen automatischen Steuerungssysteme –

57 *L'Homme* 18; AT XI. 130 f., S. 189, 191.

vom einfachen Fliehkraftregler bis zum Autopiloten eines Flugzeugs – nur die konsequente Verwirklichung dieser cartesischen Sicht, wenngleich in einer Leibniz'schen Gestalt, weil Leibniz über Descartes hinausgehend die Formalisierbarkeit und die damit verbundene Automatisierbarkeit mathematischer und logischer Operationen erkannte.

Damit gibt es gute Gründe, sich der cartesischen Theorie des Menschen auch in philosophischer Sicht genauer anzunehmen. Der entscheidende Gedanke beruht auf jener Trennung von *res cogitans* und *res extensa*, von Körper und Seele: Die Bewegungen des Körpers sollen rein mechanisch, durch Druck und Stoß, erklärt werden. Das sagt sich leicht, doch widerspricht es nicht nur der traditionellen Vorstellung einer Steuerung des Leibes durch die Seele, es bedarf zur Einlösung nicht bloß eines theoretischen Konzepts, sondern ebenso sehr empirischer Belege für dessen Tragfähigkeit.

Mehrfach hatte Descartes eine Schrift über den Menschen angekündigt. Tatsächlich war sie im Umkreis von *Le Monde* recht weit gediehen; dann war ein entsprechender Teil der *Principia* geplant; doch verzichtete Descartes in beiden Fällen darauf, seine Untersuchungen zum Druck zu bringen. Am Ende der *Principia* schreibt er:

> Weiteres möchte ich diesem Vierten Teil der Prinzipien der Philosophie nicht hinzufügen, wenn ich (wie ich früher beabsichtigt habe) zwei weitere Teile, nämlich einen fünften über die Lebewesen, d. h. die Tiere und Pflanzen, und einen sechsten über den Menschen bereits geschrieben hätte. Weil ich aber noch nicht alles, was ich

> in ihnen behandeln wollte, völlig durchschaut habe und ich nicht weiß, ob ich jemals über so viel Muße verfügen werde, um sie zu verfassen, möchte ich deshalb die ersten Teile nicht länger zurückhalten [...].[58]

Descartes' Bemerkung erweckt den Eindruck, er stehe noch ganz am Anfang seiner Untersuchungen; doch davon konnte gar nicht die Rede sein. Die Briefe spiegeln eine vielfache Beschäftigung mit physiologischen Fragen. An Mersenne berichtet er am 13. November 1639, dass er beim Schlachten von Tieren zugesehen habe; für eigene Experimente hatte er sich früher schon Organe beschafft, so Augen, um den Strahlengang untersuchen zu können,[59] Plempius (1601–1671) gegenüber berichtet er von Versuchen zur Bewegung des Herzens.[60] Eine Zeit lang ließ sich Descartes angebrütete Hühnereier unterschiedlichen Alters bringen – ein seit Jahrhunderten vertrautes Objekt zur Untersuchung der Entwicklung. All dies fließt in seinen *Traité de l'Homme* von 1632 als unvollendeter Teil von *Le Monde* ein, und ebenso in *La Description du Corps Humain* von 1648, Werke, die allerdings beide erst postum veröffentlicht wurden.

Was ist an Hühnereiern und Ochsenaugen besonders? Zu nennen ist wohl dreierlei, zum Ersten, dass Descartes sich auf eigene Beobachtungen stützt, nicht auf Berichte. Dies entspricht seiner methodischen Regel, Vorurteile zu beseitigen; denn ob ein anderer Autor in seinen Beobach-

58 Princ. IV. 188; AT VIII–I.315, S. 603.
59 Brief an Mersenne, 15. April 1630 und 1. April 1640.
60 Brief an Plempius, 23. März 1638.

tungen eben dieser Regel gefolgt ist, lässt sich zumindest nicht überprüfen.

Zweitens zeigt die gleichzeitige Verwendung von Beobachtungen an Tieren und Menschen die Überzeugung, dass hinsichtlich der Betrachtung des Körpers als *res extensa* kein grundsätzlicher Unterschied zwischen Tieren und Menschen zu machen ist, geradeso wie es keinen prinzipiellen Unterschied zwischen terrestrischer und astronomischer Physik gibt.

Drittens schließlich ist Descartes der Auffassung, dass erst die erfolgreiche Anwendung seiner Naturphilosophie auf die Welt, also auch auf den Menschen, die entscheidende Bestätigung für die Wahrheit seiner theoretischen Vorstellungen erbringt.[61] Wenn Descartes zögerte, seine Resultate zu publizieren, lag dies weniger an deren Vorläufigkeit als an dem Ungenügen angesichts seines umfassenden Anspruches, denn was er nicht nur darstellen, sondern erklären wollte, war die Zeugung, die embryonale Entwicklung und schließlich die Funktionsweise der Organe und des Körperbaus. Hierüber gibt ein Brief an Prinzessin Elisabeth ohne Datum, wohl vom 31. Januar 1648, Aufschluss:

> Im Augenblick habe ich eine andere Schrift in Bearbeitung, […] die Beschreibung der Funktionen des Tieres und des Menschen. Denn da das, was ich vor zwölf oder dreizehn Jahren darüber entwarf, […] in die Hände von einigen Personen gelangte, die es schlecht abgeschrieben

61 Vgl. Rothschuh, »Einleitung«, in: Descartes, *Über den Menschen*, hrsg. von K. E. R., S. 12.

> haben, hielt ich mich für verpflichtet, es ins Reine zu bringen, das heißt, es umzuarbeiten. Und ich habe es sogar gewagt, dabei erklären zu wollen, wie das Tier von Beginn seiner Entstehung abgebildet wird. Ich sage, das Tier im Allgemeinen; denn für den Menschen im Besonderen würde ich die Untersuchung mangels genügender diesbezüglicher Erfahrung nicht wagen.[62]

Descartes verspricht sich nicht nur einen theoretischen, sondern auch einen praktischen Gewinn, »vor allem auch für die Bewahrung der Gesundheit, die ohne Zweifel das erste Gut und die Grundlage aller anderen Güter dieses Lebens ist«[63].

Mehr noch, Descartes war davon überzeugt, dass die Medizin seiner Zeit recht nutzlos sei; denn wenn der menschliche Körper eine Maschine ist, muss diese nur auf die richtige Weise aufgezogen, gewartet und repariert werden, um fast unbegrenzt leben zu können. So hat einer der Träume des 18. Jahrhunderts, durch medizinische Kunst ewiges Leben zu erlangen, auch bei Descartes seine oder doch zumindest eine Wurzel.

Neu an der cartesischen Sicht ist vor allem, dass sie die aristotelische Teleologie auch dort verabschiedet, wo sie doch ganz angemessen zu sein scheint, nämlich bei den *Funktionen* der Organe. Aristoteles hatte die Natur mit ihr innewohnenden Zwecken erklärt, eine Deutung, die es ermöglicht, Organe von ihrer Zweckbestimmung her zu verstehen.

62 Brief an Elisabeth von der Pfalz, AT V. 112, Briefe 408.
63 Disc. VI; AT VI.62, S. 117.

Darüber hinaus baute Aristoteles auf Möglichkeiten, die in jeder Materie als Form angelegt sind. Sie hatten in der tradierten Medizin die Gestalt von »facultates animae« angenommen und dienten dazu, Lebensvorgänge fassbar zu machen. Zeugung, Ernährung, Wachstum waren solche *natürlichen Vermögen*, ebenso die *vitalen Vermögen* Wärme, Herztätigkeit und Atmung; zu ihnen traten die *seelischen Vermögen* der Sinneswahrnehmung und Bewegung.

Mit diesem Gerüst aller medizinischen Lehrbücher wollte Descartes mit einem Schlage aufräumen zugunsten deterministischer, mechanistischer Kausalgesetze. Damit war die für anderthalb Jahrtausende führende Deutung der Natur an genau der Stelle getroffen, von der sie modellhaft ihren Ausgang genommen hatte.

Dies alles hebt Descartes' Theorie des menschlichen Körpers weit über irgendeine einzelwissenschaftliche Leistung, dies erst macht verständlich, warum der Cartesianismus nicht über Philosophielehrstühle, sondern zunächst und in erster Linie über die Medizin Eingang in die Universitäten Europas fand. Und bei aller Kritik an den einzelnen cartesischen Aussagen zur Physiologie: Die neue Sicht einer einenden kausalanalytischen Betrachtungsweise war unwiderruflich.

Diese Bedeutung sei an einer Parallele veranschaulicht, auch wenn die jeweils gegebenen Erklärungen heute phantastisch anmuten. Auf die Frage nämlich, wie es zum Wachstum des Fötus kommt, antwortet Descartes mit einem Modell, das er in grundsätzlich gleicher Weise für die Entwicklung des Kosmos herangezogen hatte, nämlich mit der Wirbeltheorie. Die tierischen Samen beider Geschlechter erhitzen sich durch Gärung

> derart, dass dadurch einige Teile dieselbe Bewegtheit gewinnen wie das Feuer, sich ausdehnen, die anderen zusammendrücken und sie dadurch allmählich in den für die Bildung der Glieder erforderlichen Zustand versetzen.[64]

Dies sei, meint Descartes, zugleich der »Anfang der Herzbildung« und der Beginn der Blutzirkulation. So entspricht die durch Wärme verursachte Bewegung der Samenmasse jener Wirbelbildung, die im Kosmos zur Bildung dichterer Körper führt: Der Mikrokosmos des tierischen und menschlichen Leibes entsteht also nach denselben Mustern wie der Makrokosmos der Sonnen, Planeten und Monde.

Ohne im Einzelnen verdeutlichen zu können, wie tiefgreifend der von Descartes vorgeschlagene Wandel ist,[65] sei festgehalten, dass sich seit Descartes der menschliche Körper als Maschine darstellt – in einem technomorphen Bild mit hydromechanischen und Wärmekraftkopplungselementen; doch von bloßen Maschinen unterscheidet sich das cartesische Modell durch Mechanismen der *Selbstregulierung*. Deren Bedeutung wurde allerdings erst sichtbar, als Kybernetiker sie erkannten und als gekoppelte Regelkreise zu deuten vermochten. So erweist sich die cartesische Theorie des Menschen als ein Aufbruch in eine völlig neue Sicht nicht nur des denkenden Ich, sondern auch seines Leibes – und damit zugleich als Beginn des daraus erwachsenden Leib-Seele-Problems in seiner Verquickung philosophischer und erfahrungswissenschaftlicher Fragestellung.

64 *Description* IV; AT XI.253 f.

65 Vgl. Rothschuh, »Einleitung«, in: Descartes, *Über den Menschen*, hrsg. von K. E. R., S. 17 ff.

5.4 Die Leidenschaften

Descartes' letztes großes Werk ist *Les Passions de l'Âme* von 1649. Oft wird es von den Philosophen etwas stiefmütterlich behandelt; von einer »Mechanisierung der Seele« und von »abstrusen moralischen Regeln« ist die Rede. Doch schon diese beiden vernichtend gemeinten Kritiken sollten aufhorchen lassen, wenn sie sich auf ein und dasselbe Buch beziehen, denn wie sollte eine Seelenmechanisierung überhaupt mit ethischen Regeln zusammenpassen?

Genau dies ist aber das Problem, dem sich Descartes zuwendet, weil in den Affekten der Seele fraglos *res cogitans* und *res extensa* zusammenkommen. Die *Meditationes* zielten vor allem auf eine Vergewisserung über die *res cogitans* als Denken; weite Teile der *Principia* galten der Physik; der *Traité de l'Homme* behandelte genauso wie *La Description du Corps Humain* den menschlichen Körper als Gliedermaschine einschließlich einer Deutung der Sinneswahrnehmungen als Mechanismus, der letztlich auf die Zirbeldrüse (Epiphyse), den vermeintlichen Sitz des Gemeinsinnes, wirkt: Wir unterscheiden nicht zwischen einem Seh-Gegenstand und einem Fühl-Gegenstand, sondern alle Wahrnehmung wird auf nur einen Gegenstand bezogen, den wir sehen, fühlen, riechen; mehr noch – wir sehen nur einen Gegenstand, obwohl wir zwei Augen haben:[66] Dies bildete für Descartes den Anlass, in der Epiphyse als dem einzigen unpaarigen Organ im Gehirn nicht nur den Sitz der Seele, sondern auch des Brückenschlags zwischen dem Leib als

66 AT IV. 353.

der Gliedermaschine und der Seele als Teil der *res cogitans* anzunehmen.

Dass in der Leib-Seele-Beziehung den Empfindungen, den Leidenschaften der Seele, eine Schlüsselstellung zukommen musste, um die Teile des Gedankengebäudes zur Einheit zu fügen, war schon im Beweis für die Existenz der *res extensa* in den *Meditationes* angelegt; denn während das Denken sehr wohl ohne Körperlichkeit vorstellbar ist, müssen diejenigen Empfindungen, die ich zunächst passiv wahrnehme, einen Ursprung außerhalb meiner selbst haben. Dieses Verhältnis von Aktivität und Passivität kehrt sich aber um, wenn ich die Wahrnehmung als eine Aktivität der Seele, als eine intentionale Ausrichtung meines Denkens sehe, wobei das Wahrgenommene zum passiven Teil wird. Was also Leiden, *passion*, Passivität im Hinblick auf die *res extensa* ist, bedeutet Aktivität, Tätigsein aus der Sicht der *res cogitans*.

Diese Verschränkung steht am Anfang der cartesischen Seelentheorie; und sie macht deutlich, dass es Descartes um diese Verschränkung geht. Sie erfordert nämlich, eine Seelenregung immer von zwei Seiten zu betrachten, von der mechanistischen der *res extensa*, die sich in der reinen Körperlichkeit spiegelt, und vonseiten der Ordnung der Inhalte in der *res cogitans*. Diese Doppelheit verlangt zugleich, das Erkennen selbst – nicht noch einmal das reflektive *cogito*, wohl aber das Erkennen der Welt – sowohl mit der affektiven wie mit der körperlichen Seite zu verbinden. Genau dasselbe Problem stellt sich im Hinblick auf mein Handeln, insbesondere auf das ethisch gute Handeln, denn der Handlungsvollzug geschieht in der Welt, während der ihm vorausgehende Wille geradeso wie eine Reflexion auf das Gute auf der Seite der *res cogitans* liegt. Die *Passions de l'Âme* gewinnen damit den Charakter eines Abschlusses des cartesischen Gedankengebäudes.

»Die Wärme und Bewegung der Glieder gehen vom Körper aus, die Gedanken von der Seele«[67], konstatiert Descartes zu Beginn des ersten Teils. Bevor er überhaupt auf die Affekte zu sprechen kommt, was erst im zweiten Teil geschieht, entwickelt er deshalb knapp, wessen er bezüglich des menschlichen Körpers bedarf und wessen hinsichtlich der Seele, um hieran den Gedanken einer wechselseitigen Beeinflussbarkeit anzuschließen.

Scharf trennt Descartes die Körperfunktionen von jenen der Seele. Die körperlichen Funktionen, die die Gliedermaschine in Bewegung halten und die durch die »Änderungen in der Bewegung der Lebensgeister«[68] bewirkt werden, sind zunächst vollständig getrennt von den Funktionen der Seele. Die Seele, so betont Descartes, hat zwei verschiedene Arten der Gedanken, die eine ist ein Tätigsein, die andere ein Leiden. Ersteres besteht in den *Willensakten*, weil diese »unmittelbar aus unserer Seele kommen«; Letzteres, das Leiden, besteht in »alle[n] Arten von Wahrnehmungen oder Kenntnissen«[69]. Die Willensakte richten sich entweder auf die Seele oder auf den Körper.[70] Dasselbe gilt für die Wahrnehmungen, denn sie können sich entweder auf unsere Willensakte und Vorstellungen im Denken richten oder aber auf den Körper.[71]

67 *Passions* I.4; AT XI.329, S. 7.
68 *Passions* I.16; AT XI.341, S. 31.
69 *Passions* I.17; AT XI.342, S. 33.
70 *Passions* I.18.
71 *Passions* I.19–21.

Indem sich Wahrnehmungen auf den Körper richten, »hängt der größte Teil von den Nerven ab«[72], und damit stellt sich die Frage nach der Vermittlung zwischen Körper und Seele. Descartes definiert hierzu den Begriff der Leidenschaft (*passion*) doppelgleisig, nämlich »als Wahrnehmungen oder Empfindungen oder Emotionen der Seele«, die einerseits der Seele »in besonderer Weise zugehören«, andererseits als solche, »die durch die Bewegung der Lebensgeister veranlaßt, unterstützt und verstärkt werden«.[73] Die Vermittlung soll darum – wie bei der Koordination der Sinne im Gemeinsinn – die Epiphyse übernehmen,[74] die gar als »Hauptsitz der Seele«[75] bezeichnet wird. Damit ist das Kernstück der Theorie des *influxus physicus* zwischen Körper und Seele formuliert, nach der die Epiphyse das Scharnier zwischen Denken und Gliedermaschine bildet.

Die Beeinflussung stellt sich Descartes so vor, dass das Denken die Bewegungs*richtung* der feinen Materie der Lebensgeister in den Nervenbahnen zu bestimmen vermag, während die vorgegebene *Quantität* der Bewegung unverändert bleibt. Dies scheint deshalb mit der cartesischen Physik verträglich zu sein, weil die Bewegungsgröße nicht unserem heutigen gerichteten, vektoriellen Impulsbegriff als Produkt mv von Masse m und Geschwindigkeitsvektor v entspricht, sondern als reine Quantität verstanden wird.

Der Lösungsansatz ist bemerkenswert: Wenn im Universum und in jeder Bewegung ein Erhaltungsgesetz der

72 *Passions* I.21; AT XI.344, S. 37.
73 *Passions* I.27; AT XI.349, S. 47.
74 *Passions* I.31.
75 *Passions* I.32; AT XI.352, S. 53.

vis, der ›Kraft‹, gilt – ein gänzlich neuer und folgenreicher Gedanke –, und wenn sich dieses Gesetz auf die Quantität der Bewegung bezieht, dann, so meint Descartes, lässt sich zwischen einer Bestimmung (*determinatio*) der Bewegungsrichtung und der Ursache (*causa*) einer Bewegung unterscheiden: Die Bewegungsrichtung kann bestimmt, nämlich umgekehrt werden, ohne dass dadurch das Erhaltungsgesetz der *vis* verletzt würde. Unter diesen Voraussetzungen glaubt Descartes einen Weg gefunden zu haben, die Umkehr der Bewegungsrichtung der Lebensgeister als eine nicht-kausale Beeinflussung des Körpers durch den Geist vertreten zu können. Dennoch liegt hier fraglos die gravierendste unauflösbare Schwierigkeit des cartesischen Gedankengebäudes, weil für einen *influxus physicus* schlechterdings kein Platz ist.

So fragwürdig also Descartes' These sein mag: Das, was er auf ihrer Grundlage aufbaut, ist bedeutend. Denn »die Hauptwirkung der Leidenschaften«, so betont er, besteht bei den Menschen darin, »daß sie ihre Seele [...] instandsetzen, die Dinge zu wollen, zu denen ihre Körper sie veranlassen« – beispielsweise bei Furcht fliehen zu wollen.[76] Dabei ist der Wille »seiner Natur nach derart frei, daß er niemals gezwungen werden kann«[77].

Allerdings, so wird herausgearbeitet, ist der Zusammenhang von Wille, Leidenschaft und Tätigkeit komplizierter: Keineswegs werden unsere Leidenschaften durch den Willen erregt oder unterdrückt; doch der Wille kann in uns Vorstellungen hervorrufen, die ihrerseits mit Leidenschaf-

76 *Passions* I.40; AT XI.359, S. 67.
77 *Passions* I.41; AT XI.359, S. 67.

ten verbunden sind, die wiederum den Antrieb zu Handlungen geben.

An dieser Stelle nun kommt Wissen ins Spiel, denn ohne Erkenntnis der Wahrheit gehen die Vorstellungen fehl und leiten den Willen irre. Doch ist Descartes überzeugt, dass jede Seele, »wenn sie richtig geleitet wird, eine absolute Macht über ihre Leidenschaften erlangen kann«[78].

Was Descartes bis zu diesem Punkte entwickelt, ist mehr Programm als Begründung. Im zweiten Teil der *Passions de l'Âme* erfolgt die Entfaltung durch eine geschickte Verbindung der einzelnen Elemente. Das äußere Ziel ist eine »Ordnung und Aufzählung der Leidenschaften«, wobei die Ordnung sich dann als zutreffend erweist, wenn sich mit ihr alle Affekte sachgerecht einstufen lassen. Das innere Ziel hingegen besteht in der Verknüpfung der Affektenlehre mit der Erkenntnis auf der einen Seite, mit der Ethik auf der anderen.

Ehe wir uns dem im letzten Abschnitt zuwenden, sei die Affektenlehre noch etwas näher dargestellt. Der entscheidende Schritt Descartes', der ihn weiterführen soll, besteht darin, die Affekte, die menschlichen Leidenschaften, physiologisch zu verstehen und danach zu trachten, sie innerhalb der Abläufe des Körpers, also nach Art der Analyse der *res extensa* zu erklären. Sein Ziel war es, die Affekte mit derselben Exaktheit wie mechanische Vorgänge zu erfassen. Diese Sicht bedeutet nicht etwa, die psychische Seite der Affekte zu ignorieren, doch sie ist nach Descartes' Auffassung sekundär: Das Bewusstsein von einem Affekt gehört selbstverständlich zur *res cogitans*; doch ihm liegt et-

78 *Passions* I.50; AT XI.368, S. 85.

was zugrunde, was der *res extensa* zugehört und *more geometrico* zu beschreiben ist, denn was für die Seele als Leiden (*passion, passio*) gilt, ist für den Körper Handeln (*action, actio*).

Descartes unterscheidet eine große Zahl von Affekten, die er auf sechs Grundaffekte zurückführt, nämlich auf Staunen, Liebe, Hass, Begierde, Freude und Trauer. Dabei entwickelt er folgenden Aufbau: Die ersten drei und die zweiten drei bilden je eine Gruppe, wobei das ursprüngliche Staunen je nach Nutzen oder Schaden des Bestaunten zu Liebe bzw. Hass führt; dagegen bestimmt die Begierde den Willen und ermöglicht damit eine Beeinflussung der Affekte, weil aus dem Besitz des Begehrten Freude, aus dem Mangel die Trauer folgt.

Gegen diese Affektenlehre sind vielfältige Einwände vorgebracht worden: Sie sei zu handgreiflich mechanistisch, ihre Definition der Affekte sei unbrauchbar und sie kenne keine Unterscheidung zwischen Affekt und Gefühl.

Der oben in Zusammenhang mit der Unterscheidung von *res cogitans* und *res extensa* erwähnte Zentraleinwand aber besagt, Descartes löse das Problem des Zusammenhangs von Leib und Seele auf unbefriedigende Weise; denn wie sollte seiner Meinung nach die Beeinflussung des Denkens durch die Materie und umgekehrt erfolgen? Beide, Denken und Materie, sind von ihm definitorisch so vollkommen getrennt worden, dass eine Überlappung unmöglich wird, weil die denkende Substanz nicht ausgedehnt und die ausgedehnte nicht denkend ist. Hier liegt die schon von den Zeitgenossen klar erkannte Schwäche des cartesischen Systems, denn es ist zugleich die Stelle, die maßgeblich für den Zusammenhang von Erkenntnisgegenstand und Wahrnehmung des Gegenstandes als Gegenstand, von Affekt und Steuerung des Affekts durch die Ethik (d. h. durch vernünftiges Wollen) und von Freiheit als Voraussetzung für verantwortliches Handeln ist. Mit dem Ziel eines Erkenntnisaufbaus vom erkennenden Subjekt aus hatte Descartes also einen Weg beschritten, der ihn in diesem Punkt zu einer unlösbaren Schwierigkeit führte.

Die Unlösbarkeit des neu entstandenen Problems muss Descartes in seinen letzten Lebensjahren erkannt haben; und er dankte dies wohl Elisabeth von der Pfalz, mit der er das Verhältnis von Körper und Geist in einem ausführlichen Briefwechsel erörterte. Dort stellt er heraus, dass die Unterscheidung von Körper und Geist ein erkenntnismäßiger und kein ontologischer Unterschied sei. Zur Begründung verweist er darauf, dass uns im Denken als Grundbegriff erstens die Idee des Denkens zur Verfügung steht, zweitens die Idee des Ausgedehnten zur denkenden Erfassung der Körper, und drittens die Idee der Union von Seele und Körper. Diese erkenntnismäßige Unterscheidung zweier Ideen (des Denkens und des Ausgedehnten) sei aber dem natürlichen Bewusstsein fremd, denn es frage über die Union beider nicht weiter zurück. Sobald man dies jedoch tue, um Sicherheit über das Denken selbst zu erlangen, erweise es sich als unumgänglich, die von ihm getroffenen erkenntnismäßigen Unterschiede einzuführen. Das wiederum bedeutet, dass Descartes von der Zwei-Substanzen-Lehre abgeht und – den wesensmäßigen Unterschied von Körper und Seele beibehaltend – die Union als Primäres sieht; diese Union aber ist erkenntnismäßig, nicht jedoch zwangsläufig ontologisch aufzulösen. So weist Descartes' Spätwerk auf den Ansatz des Monismus Spinozas voraus. In jedem Falle aber hat Descartes als Erster in aller Schärfe ein Problem formuliert, das uns als Leib-Seele-Problem bis heute geblieben ist, auch wenn es seine Gestalt gewandelt hat.

5.5 Provisorische und endgültige Moral

Alle bisherigen Überlegungen ließen Descartes als Erkenntnistheoretiker erscheinen, dessen Antrieb der Drang zu gewisser Erkenntnis um ihrer selbst willen sei; und jene Schriften, die mit dem *Discours* veröffentlicht wurden, weisen ihn als Mathematiker und Naturwissenschaftler aus. Tatsächlich jedoch schließt Descartes die Ethik in seinen Aufbau der Erkenntnis ein. Diesem uns fremd gewordenen Gedanken, dass eine erkenntnisleitende Methode nicht allein die kognitiven Wissenschaften bestimmt, sondern auch in der praktischen Philosophie eine Rolle spielt, wollen wir uns abschließend zuwenden.

Wieso kommt die Moral in den Blick? Eine Begründung hierfür lässt sich auf zweierlei Weise geben. Die erste geht aus vom Regelcharakter der Methodologie des *Discours*, in dem Descartes seine moralischen Maximen erstmals veröffentlicht. Da die methodologischen Regeln Handlungsregeln sein wollen, müssen sie in allgemeinere Handlungsregeln moralischer Art eingebettet werden, wenn mit der neuen Methode eine Verpflichtung verbunden sein soll. In diesem Sinne ist die »neue Moral kein Nebenergebnis, sondern Voraussetzung der wissenschaftlichen Forschung«[79].

79 Schmidt, *Aufklärung*, S. 50.

Eine zweite, mehr an Descartes' Argumentation orientierte Begründung verläuft anders und stützt sich auf den cartesischen Plan, eine universelle Neufassung der Begründung allen Wissens zu suchen; doch der Gedanke einer Universalwissenschaft ist zu unspezifisch, um als Grund tragfähig zu sein – schließlich bearbeitet Descartes von ihr ohnedies nur Teilgebiete. Der Grund liegt tiefer, er beruht auf der Überzeugung, dass die Suche nach Wahrheit und Erkenntnis nicht aus theoretischer Neugierde erfolgt, sondern ihren Sinn erst in der Anwendung findet.

Descartes' Philosophie wäre darum als reine Gewissheitssuche gänzlich unzureichend gekennzeichnet; denn der eigentliche Beweggrund muss wohl in der Bedeutung aller Erkenntnis für unser Handeln gesehen werden. Damit ist nicht nur der Nutzen gemeint, der mit den Wissenschaften in der Anwendung verbunden ist – etwa in Descartes' Bemühungen, aus theoretischen Gründen eine Linsenschleifmaschine zu entwickeln –, sondern weit mehr: Warum sollten wir Autoritäten bezweifeln und uns vor übereilten Urteilen hüten, wenn daraus nichts folgte? Descartes ist ganz im Gegenteil davon überzeugt, dass es unser Wissen ist, das unser Wollen und unsere Handlungen lenkt. So entwickelt er jene für die ganze Aufklärung einschließlich ihrer heutigen Nachfolger konstitutive Auffassung, ein Zuwachs an Erkenntnis bedeute immer auch einen Zuwachs an moralisch gesteuertem Handeln. Erst dieser Zusammenhang erlaubt es, bei Descartes den Beginn jener Bewegung zu sehen, die im 18. Jahrhundert als Aufklärung, Enlightenment, Siècle des Lumières – alles Lichtmetaphern für die Vernunft – in ganz Europa dominieren sollte. In diesem Sinne mag man Descartes' »Philosophie der Praxis« mit Röd »als Ziel des Systems« deuten.[80]

Um das ganze Spektrum rationalistischen Gedankengutes sichtbar werden zu lassen, sei darum abschließend Descartes' Ethik behandelt, also getreu der Abfolge, die in der *Recherche de la Vérité* skizziert wird: Danach soll auf die Fundierungsfragen des *cogito* und der *res extensa* zunächst eine Behandlung »aller Einzelwissenschaften« folgen, damit wir, »nachdem wir unseren Verstand so ausgerüstet haben, [...] unsere Willensregungen unter Kontrolle zu bringen, indem wir das [sittlich] Gute und Schlechte auseinander halten und den wahren Unterschied von Tugend und Laster erfassen«; denn so weit reicht fraglos das natürliche Licht des menschlichen Verstandes.[81]

Wie aber kann die Verbindung zwischen Vernunft, Wille und Handeln hergestellt werden? Dass auch die Begründung der Moral mit vernünftigen Mitteln möglich sein muss, betont Descartes ja immer wieder. In der Einleitung des *Discours* spricht er denn auch von einigen »*Erwägungen hinsichtlich der Regeln der Moral, die sich für ihn* [den Autor Descartes] *aus dieser Methode ergeben*«[82]. Doch anders als in den Wissenschaften, wo sich vorübergehend einige Theorien suspendieren lassen, bis eine Begründung gefunden ist, wäre ein solches Vorgehen in der Moral unmöglich; wir brauchen – um ein Bild Descartes' heranzuziehen – eine Behausung, während das alte Heim abgerissen und ein neues Gebäude nach Vernunftprinzipien auf-

80 Röd, *Descartes*, 1. Aufl., S. 185.
81 *Recherche*; AT X.506, S. 43.
82 Disc.; AT VI.1, S. 7.

gerichtet wird, kurz, wir brauchen eine *morale provisoire*, eine vorläufige Moral (»morale par provision«)[83].

Eine solche *morale provisoire* zu entwickeln ist die Aufgabe des dritten Teils des *Discours*. Dort formuliert Descartes vier Maximen als Handlungsregeln. Zugleich zeigt sich an dieser Stelle die Reichweite des Anspruchs, den er mit seinem neuen methodischen Ansatz verbindet. Denn auch wenn diese Maximen als vorläufig bezeichnet werden, dokumentieren sie doch, dass die Vernunft in einen Bereich einzudringen vermag, der bis dahin wie kein anderer durch die Theologie dominiert war.

Am Anfang der cartesischen Überlegungen stehen Klugheitsregeln, die zu befolgen vernünftig ist, solange ich weder eine gesicherte Erkenntnis über mich und die Welt noch über die vernünftigen Grundsätze meines Handelns besitze. Diese sind niedergelegt in drei Maximen, denen sich eine vierte, zusammenfassende, anschließt:

> Der erste war, den Sitten und Bräuchen meines Vaterlandes zu gehorchen, beharrlich an der Religion, in der von meiner Kindheit an unterrichtet worden zu sein mir Gott die Gnade erwiesen hat, festzuhalten, und mich in allen anderen Dingen nach den maßvollsten und am weitesten vom Exzess entfernten Meinungen, die von den Besonnensten unter denen, mit denen ich leben würde, für gewöhnlich in die Tat umgesetzt werden, zu richten.[84]

83 Disc. III; AT VI.22, S. 46.
84 Disc. III; AT VI.22 f., S. 47.

Diese Maxime, die *Regel des Konformismus*, vertritt eine vernunftgefilterte Eingliederung als Leitschnur. Dies ist Descartes wegen der geforderten Anpassung oft zum Vorwurf gemacht worden, doch wohl zu Unrecht, denn dort, wo ich keinen absolut sicheren Boden unter den Füßen habe, von dem aus sich argumentieren ließe, ist eine gemeinsame Übereinkunft über die Art der Lebensführung sicherlich das Angemessenste. Dieser Konformismus ist gerade nicht an Modetorheiten orientiert, sondern am Beispiel besonnener und vernünftiger Menschen, solcher, die ebenfalls bemüht sind, in ihrem Handeln der Vernunft zu folgen. Descartes vertritt die Regel also nicht, um der Tradition Recht zu geben, sondern um einen gemäßigten Ausgangspunkt zu gewinnen, der es erlaubt, wie er in der Begründung schreibt, das eigene Urteil »mehr und mehr zu vervollkommnen«, ohne doch das Leben in der Gemeinschaft aufkündigen zu müssen:

> Mein zweiter Grundsatz [›maxime‹] war, in meinen Handlungen so fest und entschlossen zu sein, wie es mir möglich war, und den zweifelhaftesten Meinungen, sobald ich mich einmal dafür entschieden hätte, nicht weniger beharrlich zu folgen, als wenn sie ganz gesichert gewesen wären. Hierin ahmte ich die Reisenden nach, die, wenn sie sich in irgendeinem Wald verirrt finden, nicht umherirren dürfen, […] sondern immer so geradewegs, wie sie können, in eine Richtung marschieren und sie nicht aus unbedeutenden Gründen ändern, auch wenn es zu Beginn vielleicht nur der Zufall gewesen ist, der sie veranlasst hat, jene Richtung zu wählen; denn auf diese Weise werden sie, wenn sie nicht genau dahin ge-

hen, wohin sie wollten, wenigstens am Ende irgendwo ankommen, wo sie wahrscheinlich besser aufgehoben sein werden als mitten im Wald.[85]

Diese zweite Maxime empfiehlt Geradlinigkeit, nicht aus Dickköpfigkeit, sondern aus Methode, um Zweifelhaftes aufgrund seiner Konsequenzen überprüfen zu können. Man könnte sie die *Regel der Entschlossenheit* nennen. Sie besagt nicht etwa starrsinniges Festhalten an einer einmal eingenommenen Position, wie Descartes in einem Brief betont;[86] vielmehr geht es um Entschlossenheit und Festigkeit im Handeln bei gleichzeitiger Offenheit zur Revision des Urteils. Dahinter steht der Versuch, eine Handlungsstrategie zu entwickeln, die mich hindern soll, grundlos einen einmal eingeschlagenen Weg aufzugeben.

Die dritte Maxime verlangt Selbstdisziplin:

> Mein dritter Grundsatz [›maxime‹] war, stets bemüht zu sein, eher mich zu besiegen als das Schicksal, eher meine Wünsche als die Ordnung der Welt zu verändern und mich überhaupt an den Glauben zu gewöhnen, dass nichts als unsere Gedanken ganz in unserer Macht [stehen].[87]

Diese Maxime – die *Regel der stoischen Grundhaltung* – soll Selbstbetrug und einen über die eigenen Möglichkeiten hinausschießenden Willen, also die Quelle der Irrtü-

85 Disc. III; AT VI.24, S. 49, 51.
86 März 1638; AT II.35, Briefe 111.
87 Disc. III; AT VI.25, S. 51.

mer, ausschließen. Sie hat eine lange Tradition und muss als entscheidende ethische Regel verstanden werden. Allerdings scheint sie in »krassem Widerspruch« sowohl zu den voraufgegangenen Maximen als auch zum Anspruch eines Handelns nach Vernunftprinzipien zu stehen, wie Alfred Klemmt (1895–1979) ausführt,[88] weil sie unsere Fähigkeit zur Einflussnahme in dieser Welt zu bestreiten scheint. Doch das behauptet Descartes auch nicht, denn die Maxime besagt lediglich, dass wir uns auf das beschränken sollen, was uns zugänglich ist, und das ist vor allem die Vernunftbetätigung, während die irdische Glückseligkeit als etwas Äußerliches und schwer zu Gewährleistendes demgegenüber zurückzustehen habe. Diese Auffassung bildete schon das Kernstück der Lehre der Stoa, denn die äußeren Glücksgüter liegen nur sehr begrenzt in unserer Gewalt.

Übergreifend und zusammenfassend sagt Descartes endlich in der vierten Maxime:

> Endlich kam ich, um diese Moral abzuschließen, auf den Gedanken, eine Prüfung der verschiedenen Beschäftigungen, die die Menschen in diesem Leben haben, anzustellen, um zu versuchen, die beste auszuwählen, und ohne etwas über die der anderen sagen zu wollen, dachte ich, ich könnte nichts Besseres tun, als mit der fortzufahren, bei der ich mich befand, d.h., mein ganzes Leben darauf zu verwenden, meine Vernunft zu kultivieren und so weit wie ich könnte durch die Befolgung der Me-

88 Klemmt, *Descartes*, S. 24.

thode, die ich mir vorgeschrieben hatte, in der Erkenntnis der Wahrheit fortzuschreiten.[89]

Diese letzte Maxime, die *Regel des Vernunftgebrauchs*, betont die Notwendigkeit eines vernünftigen Vergleiches von Handlungsmaximen und hebt noch einmal das Ziel hervor, das ganze Leben der Pflege der Vernunft zu widmen.

Die vier Maximen sind auf den ersten Blick enttäuschend. Weder wird auf sie die zuvor entwickelte analytisch-synthetische Methode angewandt, noch scheint Evidenz oder auch Zweifel irgendeine Rolle zu spielen; stattdessen wird Angepasstheit empfohlen, jenes Leben im »Man«, das Heidegger (1889–1976) sorgsam untersuchen und kritisieren sollte. Nichts von sozialen Reformen und demokratischen Rechten und Pflichten, nichts von kritisch-emanzipatorischem Vernunftgebrauch.

Doch eine solche Sicht bleibt zu eng, denn es geht zum einen nicht um Anpassung schlechthin, sondern um die Übernahme der Handlungsweisen der »Besonnensten«, wie es die Konformismus-Maxime fordert, zum anderen verlangt die abschließende vierte Maxime eindeutig, die Vernunft zu pflegen. So verbirgt sich hinter der *morale provisoire* trotz aller Betonung unserer Befangenheit in Vorurteilen und trotz aller Begrenztheit des Wissens ein großer Optimismus, Vorurteile durchschauen und der Vernunft zum Durchbruch verhelfen zu können, und zwar nicht nur in den Wissenschaften, sondern auch im moralischen Handeln. Der Verstand nämlich, dies ist die optimistische

89 Disc. III; AT VI.27, S. 53, 55.

Grundüberzeugung Descartes', vermag den Willen zu lenken, indem er ihm eine Sache »als etwas Gutes oder Schlechtes darstellt«; deshalb genügt es, »richtig zu urteilen, um richtig zu handeln«.[90] Hier zeigt sich die Brücke zu den methodischen Regeln, denn sie sollen zu richtigen Urteilen führen, hier erweist sich, dass hinter den Maximen der Weg in eine offene, vernünftige Zukunft mit besser begründeten Handlungsregeln führt. Die *morale provisoire* hat also die Aufgabe, diesen Weg zu ermöglichen; denn wenn sich moralische Regeln tatsächlich mit der Vernunft begründen lassen, wird verwirklicht, was Kant als das Ziel jeder Ethik sah, die Autonomie, in der die Vernunft sich selbst ihre Gesetze setzt. Wenn auch Descartes' eigenes Handeln alles andere als auf Revolution gerichtet war, so sollte doch diese vernunftgeleitete Ethik die Wurzel jener Herrschaft der Vernunft werden, die die Französische Revolution errichten wollte.

Die vorläufige Moral gilt so lange, als mir andere sicherere Regeln nicht verfügbar sind. Nun hat Descartes eine weitere Ethik nie geschrieben; man findet deshalb sehr häufig die Auffassung vertreten, er sei über die *morale provisoire* des *Discours* nie hinausgelangt. Dem ist insofern zuzustimmen, als eine endgültige Moral die Beseitigung aller Zweifel verlangt hätte; so weit gelangt zu sein, hat Descartes aber nie behauptet.

Richtig ist jedoch auch, dass die Veröffentlichung einer Vernunftmoral eine Ungeheuerlichkeit gewesen wäre: Sie hätte bedeutet, dass man mit Mitteln menschlicher Vernunft zur Feststellung der Allgemeingültigkeit moralischer

90 Disc. III; AT VI.28, S. 55, 57.

Regeln zu gelangen vermöchte, also ohne sich auf die christliche Religion als Garant der Verbindlichkeit und Gewissheit stützen zu müssen. Diese These sollte Christian Wolff (1679–1754) noch 1723 die Professur in Halle kosten; zwischen 1640 und 1650 wäre sie jedoch tödlich gewesen. So gibt es aufschlussreiche Versuche, aus Briefen und Randbemerkungen Descartes' Konzeption der endgültigen Moral zusammenzutragen.

Beginnen wir mit der Bedeutung der Affektenlehre für die Praxis. Die behavioristische, nur das Verhalten einbeziehende Betrachtungsweise, deren Descartes sich bedient, soll nämlich dazu dienen, Affekte ebenso wie mechanische Abläufe in ihren Kausalabfolgen zu kennen, so dass man sie – wie Maschinen, sobald man deren Arbeitsweise durchschaut – zu steuern vermag. Gerhart Schmidt nennt die Regeln der Affektenlehre deshalb eine »abstruse Psychotechnik«;[91] doch droht man damit zu verfehlen, was Descartes' Anliegen ist, nämlich letztlich eine rationale Steuerung der Affekte. Dazu ist zunächst eine Einteilung der Affekte danach erforderlich, ob sie uns schaden oder nützen, »insofern sie die Seele veranlassen, das zu wollen, was die Natur uns als nützlich angibt; und in diesem Wollen beharrlich zu sein«[92].

Entscheidend ist nun die Frage, wie man die Affekte so zu beeinflussen vermag, dass die nützlichen die Oberhand gewinnen. (Dass Affekte überhaupt ausgeschaltet werden, ist nicht möglich, da jeder Affekt, für sich genommen und solange er nicht dominiert, nach Descartes' Auffassung oh-

91 Schmidt, *Aufklärung*, S. 51, Anm. 52.

92 *Passions* II.52; AT XI.372, S. 93.

nehin nützlich und als Handlungsantrieb unverzichtbar ist.) Diese Steuerung hat bei der Begierde einzusetzen:

> Da aber diese Leidenschaften uns nur zu irgendeiner Handlung veranlassen können vermittels des Begehrens, das sie hervorrufen, ist es besonders das Begehren, das wir bemüht sein müssen zu regeln. Darin besteht der hauptsächliche Gebrauch der Moral.[93]

Hier findet sich die entscheidende Verknüpfung von Erkenntnis und Begierde ausgesprochen; denn die auf Erkenntnis beruhende Begierde ist gut. Descartes führt an dieser Stelle eine überbrückende Instanz ein, die *générosité* – »Edelmut« übersetzt Hammacher –[94] als Mittler zwischen rationaler Einsicht und Triebschicht (ähnlich später Spinozas »amor Dei intellectualis«, Christian Wolffs »Anschauen des Guten« und Kants »Achtung vor dem Sittengesetz«). Diese *générosité* besteht in der Erkenntnis der eigenen Freiheit, in deren richtigem Gebrauch der Grund von Gut und Böse liegt, und in der darauf bauenden festen Entschlossenheit, sich des freien Willens richtig zu bedienen, nämlich dem als richtig Erkannten zu folgen: »Das bedeutet, vollkommen der Tugend zu folgen.«[95]

Damit lässt sich nun die Funktion des Willens genauer umreißen: Einmal unterstellt, das Modell der psychophysischen Wechselwirkung sei brauchbar, hat der Wille dennoch keinen unmittelbaren Einfluss auf unsere Hand-

93 *Passions* II.144; AT XI.436, S. 221.
94 *Passions* II.145; AT XI.438, S. 225, und III.153; AT XI.445, S. 239.
95 *Passions* III.153; AT XI.446, S. 241.

lungsziele, sondern nur mittelbar. Der Wille muss sich der Begierde bedienen, und dies gelingt, indem die Seele diejenigen Vorstellungen herbeiführt, die von einem Affekt begleitet sind, der dem schädlichen Affekt entgegengesetzt ist. Dass dies von den Affekten her möglich ist, garantiert deren Aufbau in Gegensatzpaaren; von der Vernunft her vermag dies zu gelingen, weil sich aufgrund der Erkenntnis eines wahren Zusammenhanges bei einem erkennbaren Nutzen Liebe, bei einem erkennbaren Schaden Hass einstellt. Die Lenkung durch den Willen verlangt Übung; hierzu sind Erziehung und Gewöhnung erforderlich.

Nun birgt die cartesische Affektenlehre wenigstens zwei grundsätzliche Schwierigkeiten. Zum einen: Wie kann ich die Seele dazu bewegen, das Nützliche vorzustellen? Hier wird Willensfreiheit als Denkfreiheit vorausgesetzt. Die aber ist nur möglich, wenn der *influxus physicus* von Körper und Geist relativ lose ist. Doch wird das zugestanden, ergibt sich als Pendant zur Willensfreiheit eine Selbständigkeit und Ungelenktheit der Triebebene. Zum anderen: Woher stammt die Erkenntnis, die in einer gegebenen Lage weiterhelfen soll? Es kann sich nur um eine Erkenntnis eines Nutzens handeln; das aber setzt eine Wertung und Bewertung der Sachverhalte der Welt voraus. Die Affekte selbst sind durchaus wertneutral; was gut oder schlecht ist, ist der Gebrauch der Affekte in Form einer richtigen oder falschen Beurteilung einer Situation.

An dieser Stelle sucht Descartes eine Lösung mit dem Grundsatz: Gut ist, was verstandesmäßig, was rational ist, schlecht hingegen all das, was ungeordnet und irrig ist. Dies kann so gesehen werden, weil die Vernunft, wenn sie die Welt als geordnet begreift, Gottes Entschluss über die

Ordnung der Welt begreift; und sobald der Mensch im Sinne dieser Ordnung handelt, handelt er gut, weil Gott diese Welt so gewollt hat und damit für diese Welt festgelegt hat, was gut ist. Die Übereinstimmung von Vernunft und Moral wird also über Gottes freie Entscheidung hinsichtlich der Ordnung der Welt gewährleistet. Angesichts der Unmöglichkeit, die Welt vollkommen zu erkennen, wird allerdings nie völlig gutes Handeln möglich sein.

Fragen wir uns nun, was diese Affektenlehre im Hinblick auf eine Umgestaltung der *morale provisoire* zu einer endgültigen Moral bedeutet. Sichtbar wird dies im Briefwechsel mit Elisabeth, wo die erste, die konformistische Regel des *Discours de la Méthode* ersetzt wird durch ein Postulat rationalen Verhaltens in Gestalt der Anweisung, »sich so gut als möglich des Geistes zu bedienen, um zu erkennen, was man bei allen Lebenslagen tun oder nicht tun soll«[96].

Auch die Regel der Entschlossenheit erfährt eine charakteristische Veränderung. Der Mensch »soll eine feste und gleichmäßige Entschlossenheit an den Tag legen, alles auszuführen, was die Vernunft ihm rät, ohne sich von seinen Affekten oder Trieben davon abbringen zu lassen«[97]. Natürlich ist diese Entschlossenheit immer noch auf Zweckmäßigkeit und auf einen Wahrscheinlichkeitskalkül gegründet, aber nicht mehr eine Wegbestimmung im »finsteren Wald«. Da »dies das Vernünftigste ist, was wir überhaupt tun können«, fährt Descartes fort, glaube er,

96 Brief an Elisabeth von der Pfalz, 4. August 1645; AT IV.265, Briefwechsel, S. 100–107.

97 Ebd.

»dass man die Festigkeit dieser Entschlossenheit mit der Tugend identifizieren muss, obwohl mir nicht bekannt ist, dass jemand sie in dieser Weise erklärt hätte.«[98]

Nur die letzte Maxime wird praktisch unverändert übernommen: Der Handelnde soll so verfahren,

> dass er, während er so nach Kräften vernunftgemäß verfährt, sich vor Augen hält, dass alle Güter, die er nicht besitzt, auch gänzlich außerhalb seines Machtbereiches liegen [...] und dass er durch dieses Mittel sich daran gewöhnt, sie nicht mehr zu begehren.[99]

Man sollte noch hinzufügen, dass Descartes »glücklich leben«, »vivre en béatitude«, als ein Leben im Zustande völliger psychischer Ausgeglichenheit bezeichnet, was bedeutet, »einen völlig zufriedenen und in seinen Wünschen zufrieden gestellten Geist« zu haben.[100] Das ist reinstes stoisches Gedankengut, und es zeigt, dass Descartes' Ansatz nicht auf eine Nützlichkeitsethik reduziert werden kann.

Zugleich liegt hier natürlich ein ganz großes Problem: Wie soll dieser stoische Anteil mit der vernunftgemäßen Nützlichkeit verknüpft werden? Dies gelingt weder Descartes noch seinen Zeitgenossen, noch ist es bis heute gelungen. Wir leben heute in einer Zeit, die, indem sie Lebensqualitäten als Ziele proklamiert, eigentlich innere Qualitäten meint und damit wieder ein wenig von dem

98 Ebd.
99 Ebd.
100 Ebd.; AT IV. 264, Briefwechsel S. 100.

aufgreift, was längst verschüttet scheint; aber sie wagt nicht, dies zu artikulieren.

Seneca (um 1–69 n. Chr.), auf den Descartes hier zurückgreift, hatte in *De vita beata* auch eine vernünftige Lebensweise gefordert. Was Descartes' Bezugnahme so bedeutsam erscheinen lässt, ist, dass er in Umgehung des *summum bonum* der christlichen Morallehre, also der Begründung in Gott, direkt auf die Antike zurückgeht; denn die *beatitudo* wird nicht als christliche Glückseligkeit aufgefasst, sondern als Besitz des höchsten Gutes, der Zufriedenheit, die bestimmt wird als Erwerb aller Vollkommenheit.

Descartes beansprucht, damit Epikurs und Aristoteles' Ethik und die der Stoa verschmolzen zu haben. Um die Vernunft als neues Element einordnen zu können, hebt Descartes hervor, ein Irrtum oder eine Täuschung bedeuteten immer Unvollkommenheit; selbst eine desillusionierende Erkenntnis sei deshalb einem Irrtum vorzuziehen. So hat Descartes im Ansatz sein Versprechen eingelöst und an die Stelle einer provisorischen eine Vernunftethik gesetzt. Dennoch lassen sich vehemente Einwände formulieren; denn obwohl Descartes sichern möchte, dass gut handeln bedeutet, dem als vernünftig Erkannten zu folgen, läuft es doch auf ein Für-gut-Halten, ein Für-vernünftig-Halten hinaus; und in keinem einzigen Fall sind Descartes' Maximen als Kriterien brauchbar: Es klafft eine beträchtliche Lücke zwischen Anspruch und Realisierung.

Gewiss, eine Begründung der moralischen Regeln liefert Descartes nicht; es zeichnet sich keine ausgebildete Moraltheorie, keine Ethik ab, denn die Maximen differenzieren nicht mehr als die alte Regel *Quidquid agis, prudenter agas et respice finem* – Was immer du tust, handele klug und bedenke das Ende. Dennoch: Entscheidend ist die grundsätzlich neue Perspektive, in die moralisches Verhalten gerückt wird: Kein Dekalog der Zehn Gebote, keine traditionellen und tradierten Kardinaltugenden, erweitert um die christlichen Tugenden Glaube, Liebe, Hoffnung, werden als Fundament gesehen, sondern das, was das reflektierende Ich als das Vernünftigste erkennt. Was das Gute ist, so die implizite These, vermag die Vernunft auszumachen, es muss hier nicht von außen, durch Tradition oder Offenbarung, vorgegeben werden. Kurz: Hier wird die Tür aufgestoßen zu einer Autonomie des Menschen auch in Fragen des Moralischen.

6 Ausblick

Überblickt man die Philosophie Descartes' insgesamt, so muss man in ihr – bei aller Verwendung scholastischer Begrifflichkeit – einen Aufbruch in neue Weisen des Denkens und Vorstellens feststellen, der ihn zu Recht als denjenigen kennzeichnet, mit dem die neuzeitliche Philosophie tatsächlich beginnt. Im Vertrauen auf die menschliche Vernunft in ihrer Reichweite und Leistungskraft sollen die mit ihr gefundenen Resultate – vor allem in den Wissenschaften – den Menschen nicht nur von Autoritäten befreien, sondern auch bessern. Ausgang der Erkenntnis ist das Individuum; und die Bestimmung des Handelns dieses Individuums nach Prinzipien der Vernunft wird zum Leitfaden der neuen Moral. Die Kirche mag den geoffenbarten Glauben lehren – Descartes aber tut alles, um nicht gegen sie, so doch ohne sie zu philosophieren. Dies darf nicht als Religionskritik missverstanden werden, denn die Gründung der Erkenntnissicherung auf einen Gottesbeweis und die Fundierung der Naturgesetze auf Eigenschaften Gottes schließen dies vollkommen aus. Dennoch ist in seinem Ansatz jene Religionskritik, die gerade die französische Aufklärung in wesentlichen Punkten bestimmen sollte, zwar nicht vorgetragen, wohl aber angelegt; denn warum sollte der methodische, der systematische Zweifel gerade vor der Religion Halt machen? Mit Descartes beginnt solche Aufklärung.

Nicht nur dies. Descartes ist der Anfang neuzeitlichen methodischen Philosophierens, steht doch die Methode, die *ordre de raison*, am Anfang. Zugleich ist er damit der Begründer der neuzeitlichen naturwissenschaftlichen Denkweise, wenn man darunter die Betonung des deduktiven und argumentativen Zusammenhangs versteht, der erst aus einzelnen Wissensinhalten eine Theorie entstehen lässt, die mit der Erfahrung zusammengebracht werden kann. Die Welt erscheint in der Theorie gemäß der Ordnung der Vernunft – einer menschlichen Vernunft; und damit schlägt das Primat des Individuums, das im *cogito* seinen Ausdruck gefunden hatte, bis in die Theorienbildung der Wissenschaften durch, während zugleich die Wissenschaft, genauer: die Geometrie, zum Paradigma einer solchen vernunftgemäßen Ordnung wird. So sollten ein halbes Jahrhundert nach Descartes' Tod, ausgehend von der Medizin in Holland, die meisten deutschen Universitäten Cartesianer in den Reihen ihrer Professoren haben. Leibniz, Kant und der deutsche Idealismus sind ohne Descartes genauso wenig denkbar wie der Materialismus der französischen Aufklärungsphilosophie, der Existenzialismus und die Phänomenologie, je nachdem, ob der Seite der *res extensa* oder dem Ausgang vom Ich die Priorität zuerkannt wird.

Nun lässt Descartes in seinem Neuansatz entscheidende Probleme offen: Gerade sie bilden den Ausgangspunkt für die nachfolgenden Generationen. An erster Stelle ist das *Leib-Seele-Problem* zu nennen, denn weder leistet die Zirbeldrüse die gewünschte Verknüpfung, noch lässt die Physik Raum für einen *influxus physicus* zwischen Geist und Körper. So nehmen von hier alle folgenden Systemansätze – Malebranches Okkasionalismus, Spinozas Monismus und Leibnizens prästabilierte Harmonie – ihren Anfang.

Folgerichtig knüpft auch jede heutige Diskussion, wenn sie denn nicht meint, die Problemgeschichte ignorieren zu können, an eine cartesische Exposition an: Das Leib-Seele-Problem, aus der cartesischen Trennung von *res cogitans* und *res extensa* entstanden, war zwar von Gilbert Ryle (1900–1976), Ludwig Wittgenstein (1899–1951) und dem Logischen Positivismus als Scheinproblem gebrandmarkt worden, doch kehrt es heute im Spannungsverhältnis von Individuum und künstlicher Intelligenz einerseits, von Geist und Neurophysiologie andererseits als brennendes Problem wieder.

Unmittelbar mit dem Leib-Seele-Problem hängt das der *Freiheit* zusammen, das bei Descartes wegen der Unklarheit des *influxus physicus* zwangsläufig ungelöst bleibt. Spinoza ließ Freiheit in einem völligen Determinismus zur Einsicht in die Notwendigkeit werden, Leibniz suchte ihre Fundierung in der weiträumigen Konstruktion möglicher Welten, während Kant eine Kausalität durch Freiheit im Reiche des Geistes annahm, im Kontrast zur durchgängigen Kausalität in den Erscheinungen: alles Folgen einer cartesischen Fragestellung.

Weiter ist als Restproblem *die Bestimmung des Materiellen als Ausdehnung* zu nennen; denn über die Gegenstände der Welt wissen wir etwas aufgrund ihrer Eigenschaften, nicht wegen ihrer Ausdehnung. So wird Leibniz betonen, das Entscheidende an der Veränderung im Materiellen, nämlich die *vis* (in heutiger Sprechweise: die Energie) als das Prinzip der Bewegung, sei selbst gerade nicht ausgedehnt. Newton und mit ihm die ganze nachfolgende klassische Physik scheidet die Ausdehnung als absoluten Raum von der Materie als Masse.

Ein drittes Zentralproblem ist das folgende: Gewiss ist das *cogito* nicht zu bezweifeln, aber dass es eine erste Vernunftwahrheit ist, lässt sich bestreiten. So versteht Leibniz, das Individuum überhöhend, das *cogito* als eine erste Tatsachenwahrheit, weil zum *cogito* ein *cogitatum*, ein Gedachtes, als schon gegeben vorausgesetzt werden muss – eine Überlegung, die Husserl mehr als zwei Jahrhunderte später in seinen *Cartesianischen Meditationen* zum *ego cogito cogitatum* führen sollte. Dazwischen liegen Kant mit der Feststellung, das »Ich denke« müsse alle meine Vorstellungen begleiten können, sowie Johann Gottlieb Fichte (1762–1814) mit seiner Überhöhung des Ich zum absoluten Ich. Seit Descartes ist die Frage der Bestimmung des Ich, der Person, bis heute nicht zur Ruhe gekommen.

Schließlich fehlt eine durchgeführte *rationalistische Ethik*; doch gerade die Ablösung der Ethik von der Vorherrschaft der Theologie brachte eine wesentliche Öffnung eines neuen Problemhorizonts bis in die Gegenwart mit sich. Erst Schritt für Schritt sollte der Entwurf einer solchen Theorie bei Spinoza und vor allem bei Christian Wolff ausgebaut werden, um noch bei Kant und Fichte zentrale Aufgabe der reinen praktischen Vernunft zu sein. Auch hier sind wir Kinder Descartes', doch zurückgelassen mit der Einsicht, dass jene klare Begründung, wie er sie suchte, nicht zu gewinnen ist.

Trotz der skizzierten bahnbrechenden Leistung, trotz der bedeutsamen Folgeprobleme hat Descartes heute vielfach eine schlechte Presse – zu seinem 350. Todestag im Jahre 2000 gab es in den deutschen Zeitungen praktisch keine Würdigung, und kaum eine Tagung wurde abgehalten. Die postmoderne Kritik zeigte ihre Wirkung: Von Stephen Toulmin (1922–2009) wie von Richard Rorty (1931–2007) – um nur zwei prominente Vertreter zu nennen – wird Descartes angeklagt, an der unsinnigen Ausrichtung der Wissenschaften auf Wahrheit schuld zu sein und uns den Blick für die Pluralität der Welt verstellt zu haben.

Dieser Vorwurf wird wissenschaftshistorisch untermauert, doch seine postmoderne Resonanz verdankt er einem Verweis auf Relativität, Unschärfe und Unentscheidbarkeit. Das aber ist selbst schon deshalb unsinnig, weil die wissenschaftlichen Resultate, die dabei als Kronzeugen dienen sollen – die Relativitätstheorie, die Unschärferelation der Quantentheorie, die Unentscheidbarkeit reichhaltiger Logiksysteme als Aussage des zweiten Gödel'schen Theorems –, selbst das Resultat ganz und gar cartesisch ausgerichteter Wissenschaften sind.

Auch ein zweiter Vorwurf ist unzutreffend, die These nämlich, Descartes habe die Zersplitterung der Wissenschaften zu verantworten, die dazu geführt habe, dass wir unsere heutigen wissenschaftsübergreifenden Probleme nicht mehr zu lösen vermögen. Doch Descartes' Methodologie enthielt immer den Gedanken einer Einheit der Wissenschaften in einer *Mathesis universalis* als einer letzten umfassenden Synthese. Dass ihm diese nicht gelang, dass sie bei Leibniz über das Programm und die Anfänge einer *Scientia generalis* nicht hinausgeriet, ist nicht Descartes anzulasten, sondern dem Erfolg der Wissenschaften, die sich seinem Weg und seiner Methode anvertrauten – ein Erfolg, der in den Naturwissenschaften, allen voran in der Physik, lange vor jeder vollständigen Synthese so offensichtlich und durchschlagend war, dass eine weiter gehende Synthese überflüssig erschien.

So lässt sich geradezu die umgekehrte Perspektive vertreten – und das inzwischen doch wieder neu erwachte Interesse an Descartes mag dies bestätigen, ablesbar beispielsweise am Oxforder Descartes-Handbuch geradeso wie die an der durchgängigen deutschen Neuübersetzung der Werke Descartes' durch Christian Wohlers (*1966): Angesichts der Komplexität heutiger Probleme ist es längst an der Zeit, den vierten methodischen Schritt des *Discours de la Méthode* nachzuholen und um eine Synthese zu ringen. Gewiss wird diese nicht die Gestalt eines axiomatischen Systems annehmen können, aber sie muss ausreichen, um taugliche Handlungsanleitungen zu geben. Auch wenn wir heute den Optimismus der *Recherche de la Vérité* nicht mehr teilen können, dies lasse sich dank des *lumen naturale* mit einiger Leichtigkeit vollständig bewältigen, wäre es ein schlechter Rat, die Vernunft zu schelten und die Suche nach cartesischer Klarheit aufzugeben. Mag sie unerreichbar sein, so muss sie doch Leitstern bleiben – in der Reflexion, in jeder Wissenschaft geradeso wie in allem verantwortungsvollen Handeln: Die Synthese von Philosophie und Wissenschaft bleibt unsere Aufgabe.

Literaturhinweise

I. Werke

1. *Zeittafel*

1618	*Musicae Compendium* (veröffentlicht 1650)
1623–28	*Regulae ad directionem ingenii* (unvollendet; veröffentlicht 1701)
1632	*Traité de l'Homme* (veröffentlicht 1664)
1633	*Le Monde ou le Traité de la Lumière* (veröffentlicht 1664)
1637	*Discours de la Méthode pour bien conduire sa raison et chercher la vérité dans les sciences* als Einleitung zu *La Dioptrique, Les Météores, La Géométrie*
um 1637	*La Recherche de la Vérité par la lumière naturelle* (unvollendet; veröffentlicht in lateinischer Übersetzung 1701)
1641	*Meditationes de Prima Philosophia* (französische Fassung veröffentlicht 1647)
1644	*Principia Philosophiae* (französische Fassung veröffentlicht 1647)
1648	*Responsiones ad quasdam difficultates ex meditationibus* (sog. *Entretien avec Burman*; veröffentlicht 1896)
	La Description du Corps Humain (unvollendet; veröffentlicht 1664)
1649	*Les Passions de l'Âme*

2. *Standardausgabe*

Die in diesem Band zitierten Ausgaben sind im Folgenden **fett** markiert.

Œuvres de Descartes. Hrsg. von Ch. Adam und P. Tannery. 13 Bde. Paris 1897–1913. Überarb. Nachdr. 11 Bde. Paris: Vrin, [2]1964–76. 1996. [Zit. als AT.]

3. Text mit Kommentar

Discours de la Méthode. Hrsg. und komm. von É. Gilson. Paris: Vrin, 1925. [5]1976.

4. Zweisprachige Ausgaben

Musicae Compendium / Leitfaden der Musik. Übers. und hrsg. von J. Brockt. Darmstadt: Wissenschaftliche Buchgesellschaft, 1978.

Regulae ad directionem ingenii / Regeln zur Ausrichtung der Erkenntniskraft. Übers. und hrsg. von H. Springmeyer, L. Gäbe und H. G. Zekl. Hamburg: Meiner, 1973.

Regulae ad directionem ingenii / Cogitationes privatae. Lat./Dt. Hrsg. von Chr. Wohlers. Hamburg: Meiner, 2011. [Zit. als R.]

Le Monde ou Traité de la Lumière / Die Welt oder Abhandlung über das Licht. Übers. und hrsg. von G. M. Tripp. Weinheim/Berlin: VCH, 1989.

Die Welt. Abhandlung über das Licht. Der Mensch. Frz./Dt. Übers. und hrsg. von Chr. Wohlers. Hamburg: Meiner, 2015.

La Recherche de la Vérité par la lumière naturelle / Die Suche nach Wahrheit durch das natürliche Licht. Übers. und hrsg. von G. Schmidt. Würzburg: Königshausen, 1989. [Zit. als Recherche.]

Discours de la Méthode / Bericht über die Methode, die Vernunft richtig zu führen und die Wahrheit in den Wissenschaften zu erforschen. Übers. und hrsg. von H. Ostwald. 2., bibliogr. erg. Ausg. Stuttgart: Reclam, 2019. [Zit. als Disc.]

Discours de la Méthode. Frz./Dt. Übers. und hrsg. von Chr. Wohlers. Hamburg: Meiner, 2011.

Meditationes de Prima Philosophia / Meditationen über die Grundlagen der Philosophie. Frz./Dt. Übers. und hrsg. von Chr. Wohlers. Hamburg: Meiner, 2008.

Meditationen. Lat./Frz./Dt. Übers. und hrsg. von A. Schmidt. Göttingen: Vandenhoeck und Ruprecht, 2004.

Meditationes de Prima Philosophia / Meditationen über die Erste Philosophie. Lat./Dt. Übers. von Andreas Schmidt. Nachw. von Gregor Betz. Stuttgart: Reclam, 2019. [Zit. als Med.]

Die Prinzipien der Philosophie. Lat./Dt. Übers. und hrsg. von Chr. Wohlers. Hamburg: Meiner, 2007. [Zit. als Princ.]

Die Welt. Abhandlungen über das Licht. Der Mensch. Le Monde (Traité de la Lumière; Traité de l'Homme). Übers. und hrsg. von Chr. Wohlers. Hamburg: Meiner, 2015.

Gespräch mit Burman. Übers. und hrsg. von H. W. Arndt. Hamburg: Meiner, 1982.

Die Leidenschaften der Seele. Übers. und hrsg. von K. Hammacher. Hamburg: Meiner, ²1996. [Zit. als Passions.]

Der Briefwechsel mit Elisabeth von der Pfalz. Frz./Dt. Hrsg. von I. Wienand und O. Ribordy. Hamburg: Meiner, 2015. [Zit. als Briefwechsel.]

5. *Deutsche Übersetzungen*

Briefe. Übers. und hrsg. von M. Bense. Köln: Stauffen, 1949. [Zit. als Briefe.]

Der Briefwechsel mit Marin Mersenne. Hrsg. von Chr. Wohlers. Hamburg: Meiner, 2020 [im Druck].

Über den Menschen (1632). Sowie: Beschreibung des menschlichen Körpers (1648). Übers. und hrsg. von K. E. Rothschuh. Heidelberg: Lambert Schneider, 1969.

Geometrie. (1894.) Übers. und hrsg. von L. Schlesinger. Nachdr. Darmstadt: Wissenschaftliche Buchgesellschaft, 1969. [Zit. als Géom.]

Entwurf der Methode. Mit der Dioptrik, den Meteoren und der Geometrie. Übers. und hrsg. von Chr. Wohlers. Hamburg: Meiner, 2015.

Meditationen. Mit sämtlichen Einwänden und Erwiderungen. Übers. und hrsg. von Chr. Wohlers. Hamburg: Meiner, 2009. [Zit. als Med., Resp.]

Die Passionen der Seele. Im Anhang: Die Beschreibung des menschlichen Körpers. Übers. und hrsg. von Chr. Wohlers. Hamburg: Meiner, 2014.

II. Sekundärliteratur

1. Bibliografien, Lexika, Handbücher

Chappell, V. / Doney, W.: Twenty-five Years of Descartes Scholarship: 1960–1984. A Bibliography. New York 1987.
Cottingham, J.: A Descartes Dictionary. Oxford 1993.
Nadler, St. / Schmaltz, T. M. / Antoine-Mahut, D. (Hrsg.): Oxford Handbook of Descartes and Cartesianism. Oxford 2019.
Sebba, G.: Bibliographia Cartesiana. A Critical Guide to the Descartes Literature 1880–1960. Den Haag 1964.

2. Biografien

Baillet, A.: La Vie de M. Des-Cartes. 2 Bde. Paris 1691. Nachdr. Hildesheim 1972.
Gaukroger, St.: Descartes. An Intellectual Biography. Oxford 1995.
Rodis-Lewis, G.: L'œuvre de Descartes. 2 Bde. Paris 1971.
Specht, R.: Descartes. Reinbek b. Hamburg [2]1980.

3. Zeitschrift

Studia Cartesiana (seit 1979).

4. Gesamtdarstellungen

Alquié, F.: Descartes. Übers. von Chr. Schwarze. Stuttgart-Bad Cannstatt 1962.
Cottingham, J.: Descartes. Oxford 1986.
Curley, E. M.: Descartes Against the Skeptics. Oxford 1978.
Dicker, G.: Descartes. An Analytical and Historical Introduction. New York / Oxford 1993.
Fischer, K.: Descartes' Leben, Werk und Lehre. Heidelberg [3]1912 [u. ö.].
Goldstein, Jürgen: Kontingenz und Rationalität bei Descartes. Eine Studie zur Genese des Cartesianismus. Hamburg 2007.

Grene, M.: Descartes. (1985.) Minneapolis 1998.

Koyré, A.: Descartes und die Scholastik (1893.) Darmstadt 1971.

Link, Ch.: Subjektivität und Wahrheit. Die Grundlegung der neuzeitlichen Metaphysik durch Descartes. Stuttgart 1978.

Mahnke, D.: Der Aufbau des philosophischen Wissens nach René Descartes. München 1967.

Marion, J.-L.: Questions cartésiennes. Paris 1991. 1996.

Perler, D.: Rene Descartes. München 1998, ²2006.

Prechtl, P.: Descartes zur Einführung. Hamburg 2000.

Robinet, A.: Descartes. La lumière naturelle. Intuition, disposition, complexion. Paris 1999.

Röd, W.: Descartes. Die innere Genesis des cartesianischen Systems. München 1964. Überarb. Aufl. u. d. T.: Descartes. Die Genese des cartesischen Rationalismus. München ³1995.

Rodis-Lewis, G.: René Descartes. In: J.-P. Schobinger (Hrsg.): Die Philosophie des 17. Jahrhunderts. Bd. 2: Frankreich und die Niederlande. Basel 1993. S. 273–348 und 446–460. [Ausführliche Bibliografie, Inhaltsangabe der Einzelwerke, Darstellung der Lehre und der Wirkungsgeschichte.]

Schmidt, G.: Aufklärung und Metaphysik. Die Neubegründung des Wissens durch Descartes. Tübingen 1965.

Sorell, T.: Descartes. Oxford 1987. Dt.: Descartes. Übers. von R. Ansén. Freiburg i. Br. 1999.

Williams, B.: Descartes. The Project of Pure Enquiry. Hassocks 1978. Dt.: Descartes. Das Vorhaben der reinen philosophischen Untersuchung. Übers. von W. Dittel und A. Viviani. Königstein i. Ts. 1981.

Wilson, M. D.: Descartes. London 1987.

5. *Kommentare und Aufsatzsammlungen zu Einzelwerken*

Betz, G.: Descartes' »Meditationen über die Grundlagen der Philosophie«: Ein systematischer Kommentar. Stuttgart 2011.

Kemmerling, A. (Hrsg.): René Descartes: Meditationen über die Erste Philosophie. Berlin ²2019.

6. Aufsatzsammlungen

Cottingham, J. (Hrsg.): The Cambridge Companion to Descartes. Cambridge 1992.

Doney, W. (Hrsg.): Descartes. A Collection of Critical Essays. (1967.) London 1970.

– (Hrsg.): Eternal Truths and Cartesian Circle. A Collection of Studies. New York 1987.

Hooker, M. (Hrsg.): Descartes. Critical and Interpretative Essays. Baltimore/London 1978.

Lennon, Th. M. / Nicholas, J. M. / Davies, J. W (Hrsg.): Problems of Cartesianism. Kingston/Montreal 1982.

Moyal, G. (Hrsg.): René Descartes. Critical Assessments. 4 Bde. London 1991.

Voss, St. (Hrsg.): Essays on the Philosophy and Science of René Descartes. New York / Oxford 1993.

Weissman, D. (Hrsg.): Descartes' Discourse on Method and Meditations on First Philosophy. New Haven 1996.

7. Zu Mathematik und Naturwissenschaft

Bos, Henk J. M.: Redefining Geometrical Exactness: Descartes' Transformation of the Early Modern Concept of Construction. New York 2001.

Clarke, D. M.: Descartes' Philosophy of Science. Manchester 1982.

Garber, D.: Descartes' Metaphysical Physics. Chicago/London 1992.

Grosholz, E. R.: Cartesian Method and the Problem of Reduction. Oxford 1991.

Krämer, S.: Über das Verhältnis von Algebra und Geometrie in Descartes' »Géométrie«. In: Philosophia Naturalis 26 (1989) Nr. 1. S. 19–40.

Lenoir, T.: Descartes and the Geometrization of Thought: The Methodological Background of Descartes' Géométrie. In: Historia Mathematica 6 (1979) S. 355–379.

Mancosu, P.: Philosophy of Mathematics and Mathematical Practice in the Seventeenth Century. New York 1996.

Vuillemin, J.: Mathématiques et Métaphysique chez Descartes. Paris 1960.

8. Zur Metaphysik

Beckermann, A.: Descartes' metaphysischer Beweis für den Dualismus. Analyse und Kritik. Freiburg i. Br. 1986.
Bordron, J.-Fr.: Descartes. Recherches sur les contraintes sémiotiques de la pensée discursive. Paris 1987.
Broughton, J: Descartes's Method of Doubt. Princeton 2002.
Glouberman, M.: Descartes. The Probable and the Certain. Amsterdam/Würzburg 1986.
Gueroult, M.: Descartes selon l'ordre des raisons. 2 Bde. Paris 1953.
Holz, H. H.: Descartes. Frankfurt a. M. / New York 1994.
Kemmerling, A.: Ideen des Ichs: Studien zu Descartes' Philosophie. Frankfurt a. M. ²2005.
Marshall, D. J. Jr.: Prinzipien der Descartes-Exegese. Freiburg i. Br. 1979.
Oksenberg Rorty, A. (Hrsg.): Essays on Descartes' Meditations. Berkeley 1986.
Schneider, M.: Das mechanistische Denken in der Kontroverse. Descartes' Beitrag zum Geist-Maschine-Problem. Stuttgart 1993.
Scholz, H.: Über das »Cogito, ergo sum«. In: H. Sch.: Mathesis universalis. Basel/Stuttgart 1961. S. 75–94.
Schütt, P.: Substanzen, Subjekte und Personen. Eine Studie zum Cartesischen Dualismus. Heidelberg 1990.

9. Zu Einzelthemen

Gäbe, L.: Descartes' Selbstkritik. Untersuchungen zur Philosophie des jungen Descartes. Hamburg 1972.
Klemmt, A.: Descartes und die Moral. Meisenheim a. G. 1971.
Lefèvre, R.: La bataille du »Cogito«. Paris 1960.
McLaughlin, P.: Descartes on Mind-Body Interaction and the Conservation of Motion. In: The Philosophical Review 102 (1993) S. 155–182.

Robinet, A.: Aux sources de l'esprit cartésien. L'axe La Ramée – Descartes. De la Dialectique de 1555 aux Regulae. Paris 1996.
Röd, W.: Descartes' Erste Philosophie. Bonn 1971.

10. Zur Wirkungsgeschichte

Brands, H.: »Cogito ergo sum«. Interpretationen von Kant bis Nietzsche. Freiburg i. Br. 1982.
Glucksmann, A.: Die Cartesianische Revolution. Von der Herkunft Frankreichs aus dem Geist der Philosophie. Übers. von H. Kohlenberger. Reinbek b. Hamburg 1989.
Keutner, Th. (Hrsg.): Descartes. Bern 1993.
Niebel, F. / Horn, A. / Schnädelbach, H. (Hrsg.): Descartes im Diskurs der Neuzeit. Frankfurt a. M. 2000.

Personenregister

Sachregister

Zum Autor

HANS POSER, geb. 1937, studierte in Tübingen und Hannover. Er legte 1964 das Staatsexamen in Mathematik und Physik ab, 1968 wurde er in Philosophie promoviert und habilitierte sich 1971. Seit 1972, emeritiert 2005, ist er Professor für Philosophie an der TU Berlin. Er war Vizepräsident der G. W. Leibniz-Gesellschaft; 1994 bis 1996 war er Präsident der allgemeinen Gesellschaft für Philosophie in Deutschland. Seine Arbeitsgebiete sind: Geschichte der Philosophie des 17. und 18. Jahrhunderts, Wissenschafts- und Technikphilosophie. Er hat u. a. folgende Bücher veröffentlicht bzw. herausgegeben: *Zur Theorie der Modalbegriffe bei G. W. Leibniz* (1969), *Philosophie und Mythos* (Hrsg., 1978), *Formen teleologischen Denkens* (Hrsg., 1981), *Ontologie und Wissenschaft* (Mithrsg., 1984), *Leibniz in Berlin* (Mithrsg., 1990), *Cognitio humana* (Mithrsg., 2 Bde., 1996), *Wissenschaft und Weltgestaltung* (Mithrsg., 1999), *Nihil sine ratione* (Mithrsg., 4 Bde., 2001 f.), *Wissenschaftstheorie* (2012), *Gottfried Wilhelm Leibniz zur Einführung* (2016), *Homo creator. Technik als philosophische Herausforderung* (2016), *Leibniz' Philosophie. Über die Einheit von Metaphysik und Wissenschaft* (2016), *Eselsbrücken. Logische Bildwelten als Weltbilder* (2016).